님께

하나님의 말씀을 드립니다.

년 월 일

드림

The Gospel of Luke
Portions taken from *The Illustrated Children's Bible, ICB: Complete New Testament*

규장

일러두기

1. 내용

실제 성경 말씀 신약전서 개역개정 4판을 사용했습니다. 전장 전절을 표시하였고 단락별 소제목까지 실었습니다.

2. 구성

말풍선 인물들 간의 대화는 말풍선 안에 넣었기 때문에 누가 하는 말인지 명확히 알 수 있습니다.

세례 요한의 전파

3장

1 디베료 황제가 통치한 지 열다섯 해 곧 본디오 빌라도가 유대의 총독으로, 헤롯이 갈릴리의 분봉 왕으로, 그 동생 빌립이 이두래와 드라고닛 지방의 분봉 왕으로, 루사니아가 아빌레네의 분봉 왕으로, 2 안나스와 가야바가 대제사장으로 있을 때에 하나님의 말씀이 빈 들에서 사가랴의 아들 요한에게 임한지라 3 요한이 요단 강 부근 각처에 와서 죄 사함을 받게 하는 회개의 세례를 전파하니 4 선지자 이사야의 책에 쓴 바

광야에서 외치는 자의 소리가 있어 이르되 너희는 주의 길을 준비하라 그의 오실 길을 곧게 하라 5 모든 골짜기가 메워지고 모든 산과 작은 산이 낮아지고 굽은 것이 곧아지고 험한 길이 평탄하여질 것이요 6 모든 육체가 하나님의 구원하심을 보리라 함과 같으니라

사 40:3-5

지문 성경 말씀 중 대화가 아닌 내용은 사각박스 안에 넣어 구분했습니다.

서판 신약의 본문 중 구약성경을 인용한 부분은 오래된 양피지 모양의 박스 안에 구약의 책 이름과 장절을 밝혀 별도로 표시했습니다.

각주 일부 페이지 하단에 각주가 나옵니다. 해당 단어나 구(句)에 대한 설명 및 구절 인용 정보 등을 더 얻을 수 있습니다.

57 길 가실 때에 어떤 사람이 여짜오되

어디로 가시든지 나는 따르리이다

리 둘 곳이 없도다 하시고

9:54 **우리가 불을 명하여** 일부 헬라어 사본들에는 "우리가 엘리야가 했듯이 불을 명하여"라고 되어 있다.

9:55,56 **꾸짖으시고 함께 다른 마을로** '꾸짖으시고' 다음에 일부 헬라어 사본들에는 "말씀하시기를 너희는 너희가 어떤 영에 속해 있는지를 모르는구나. 인자는 사람들의 영혼을 멸하기 위해 오지 않고 구원하기 위해 왔노라 하시고"라고 기록되어 있다.

배경 그림 그림을 통해 등장인물의 구체적인 행동과 특정 구절의 상황을 빠르게 이해할 수 있습니다. 예를 들면 누가 말하는 것인지, 하루 중 어느 때 일어난 사건인지, 집안에서 일어난 일인지 아니면 집 밖에서 일어난 일인지, 주변에 누가 있었는지, 1세기 이스라엘의 생활풍습 등 좀 더 구체적인 큰 그림을 연상할 수 있도록 도와줍니다.

배경 지도 신약시대의 세계라 할 수 있는 팔레스타인 지역과 지중해 연안 지도, 아시아의 일곱 교회가 있었던 지금의 터키 지역 등 구체적인 이해를 돕는 지도가 있습니다.

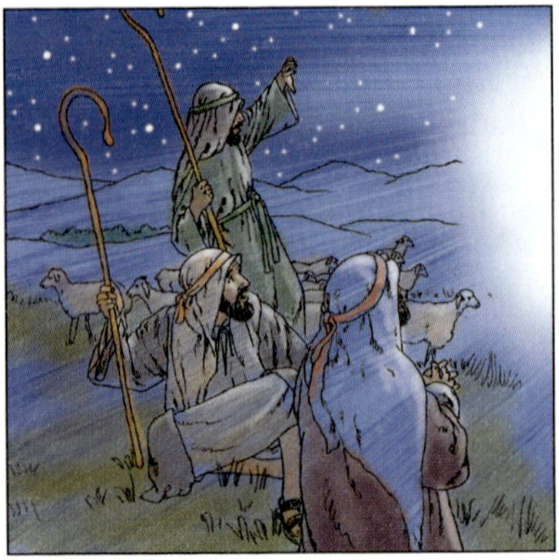

7장

8장

9장

신약
개역개정판
누가복음
The GOSPEL of Luke

1:3 각하 왕이나 통치자 같은 중요한 사람에게 존경심을 표현할 때 사용되었다.
1:5 아비야 반열 유대의 제사장들은 24반열로 나뉘어 있었다(대상 24장 참조).

11 주의 사자가 그에게 나타나
향단 우편에 선지라 12 사가
랴가 보고 놀라며 무서워하니
13 천사가 그에게 이르되

사가랴여 무서워하지 말라 너의
간구함이 들린지라 네 아내 엘리
사벳이 네게 아들을 낳아 주리니
그 이름을 요한이라 하라 14 너도
기뻐하고 즐거워할 것이요 많은
사람도 그의 태어남을 기뻐하리니
15 이는 그가 주 앞에 큰 자가 되며
포도주나 독한 술을 마시지 아니
하며 모태로부터 성령의 충만함을
받아 16 이스라엘 자손을 주 곧 그
들의 하나님께로 많이 돌아오게
하겠음이라 17 그가 또 엘리야의
심령과 능력으로 주 앞에 먼저 와
서 아버지의 마음을 자식에게, 거
스르는 자를 의인의 슬기에 돌아
오게 하고 주를 위하여 세운 백성
을 준비하리라

예수의 나심을 예고하다

1:25 **부끄러움** 유대인들은 여자가 아이를 낳지 못하는 것을 부끄러운 일이라고 생각했다.

30 천사가 이르되

마리아여 무서워하지 말라 네
가 하나님께 은혜를 입었느니
라 31 보라 네가 잉태하여 아
들을 낳으리니 그 이름을 예수
라 하라 32 그가 큰 자가 되고
지극히 높으신 이의 아들이라
일컬어질 것이요 주 하나님께
서 그 조상 다윗의 왕위를 그
에게 주시리니 33 영원히 야곱
의 집을 왕으로 다스리실 것이
며 그 나라가 무궁하리라

35 천사가 대답하여 이르되

성령이 네게 임하시고 지극히 높으신 이
의 능력이 너를 덮으시리니 이러므로 나
실 바 거룩한 이는 하나님의 아들이라 일
컬어지리라 36 보라 네 친족 엘리사벳도
늙어서 아들을 배었느니라 본래 임신하
지 못한다고 알려진 이가 이미 여섯 달이
되었나니 37 대저 하나님의 모든 말씀은
능하지 못하심이 없느니라

38 마리아가 이르되
주의 여종이오니 말씀대로 내게 이루어지이다 하매
천사가 떠나가니라

마리아가 엘리사벳을 방문하다
39 이 때에 마리아가 일어나 빨리 산골로 가서 유대 한 동네에 이르러

40 사가랴의 집에 들어가 엘리사벳에게 문안하니 41 엘리사벳이 마리아가 문안함을 들으매 아이가 복중에서 뛰노는지라 엘리사벳이 성령의 충만함을 받아 42 큰 소리로 불러 이르되
여자 중에 네가 복이 있으며 네 태중의 아이도 복이 있도다 43 내 주의 어머니가 내게 나아오니 이 어찌 된 일인가 44 보라 네 문안하는 소리가 내 귀에 들릴 때에 아이가 내 복중에서 기쁨으로 뛰놀았도다 45 주께서 하신 말씀이 반드시 이루어지리라고 믿은 그 여자에게 복이 있도다
마리아의 찬가
46 마리아가 이르되
내 영혼이 주를 찬양하며 47 내 마음이 하나님 내 구주를 기뻐하였음은 48 그의 여종의 비천함을 돌보셨음이라 보라 이제 후로는 만세에 나를 복이 있다 일컫으리로다 49 능하신 이가 큰 일을 내게 행하셨으니 그 이름이 거룩하시며 50 긍휼하심이 두려워하는 자에게 대대로 이르는도다

누가복음 1:51－61

세례 요한의 출생

62 그의 아버지께 몸짓하여

무엇으로 이름을 지으려
하는가 물으니

63 그가 서판을 달라 하여 그
이름을 요한이라 쓰매 다 놀랍
게 여기더라 64 이에 그 입이
곧 열리고 혀가 풀리며 말을
하여 하나님을 찬송하니

65 그 근처에 사는
자가 다 두려워하
고 이 모든 말이 온
유대 산골에 두루
퍼지매 66 듣는 사
람이 다 이 말을 마
음에 두며 이르되

이 아이가 장차 어찌 될까 하니

이는 주의 손이 그와 함께
하심이러라

사가랴의 예언

67 그 부친 사가랴가 성령의 충
만함을 받아 예언하여 이르되

68 찬송하리로다 주 이스라
엘의 하나님이여 그 백성을
돌보사 속량하시며 69 우리
를 위하여 구원의 뿔을 그
종 다윗의 집에 일으키셨으
니 70 이것은 주께서 예로
부터 거룩한 선지자의 입으
로 말씀하신 바와 같이 71
우리 원수에게서와 우리를
미워하는 모든 자의 손에서
구원하시는 일이라 72 우리
조상을 긍휼히 여기시며 그
거룩한 언약을 기억하셨으
니 73 곧 우리 조상 아브라
함에게 하신 맹세라 74 우
리가 원수의 손에서 건지심
을 받고 75 종신토록 주의
앞에서 성결과 의로 두려움
이 없이 섬기게 하리라 하셨
도다 76 이 아이여 네가 지
극히 높으신 이의 선지자라
일컬음을 받고 주 앞에 앞서
가서 그 길을 준비하여 77
주의 백성에게 그 죄 사함으
로 말미암는 구원을 알게 하
리니 78 이는 우리 하나님
의 긍휼로 인함이라 이로써
돋는 해가 위로부터 우리에
게 임하여 79 어둠과 죽음
의 그늘에 앉은 자에게 비치
고 우리 발을 평강의 길로
인도하시리로다 하니라

80 아이가 자라며 심령이 강하
여지며 이스라엘에게 나타나
는 날까지 빈 들에 있으니라

2장

예수의 나심

1 그 때에 가이사 아구스도가
영을 내려 천하로 다 호적하
라 하였으니 2 이 호적•은 구
레뇨가 수리아 총독이 되었
을 때에 처음 한 것이라 3 모
든 사람이 호적하러 각각 고
향으로 돌아가매 4 요셉도
다윗의 집 족속이므로 갈릴
리 나사렛 동네에서 유대를
향하여 베들레헴이라 하는
다윗의 동네로 5 그 약혼한
마리아와 함께 호적하러 올
라가니 마리아가 이미 잉태
하였더라

2:2 **호적** 인구조사. 사람들과 그들의 재산을 조사하는 것

이는 여관에 있을 곳이
없음이러라

목자들이 예수 탄생 소식을 듣다
8 그 지역에 목자들이
밤에 밖에서 자기 양 떼
를 지키더니 9 주의 사
자가 곁에 서고 주의 영
광이 그들을 두루 비추
매 크게 무서워하는지
라 10 천사가 이르되
무서워하지 말라 보라 내
가 온 백성에게 미칠 큰
기쁨의 좋은 소식을 너희
에게 전하노라 11 오늘
다윗의 동네에 너희를 위
하여 구주가 나셨으니 곧
그리스도 주시니라 12 너
희가 가서 강보에 싸여 구
유에 뉘어 있는 아기를 보
리니 이것이 너희에게 표
적이니라 하더니

누가복음 2:13–20

2:14 땅에서는 … 평화로다 일부 헬라어 사본들에서는 이 표현 대신 "땅에서는 사람들 중에 평화와 호의로다"라고 기록되어 있다.

21 할례할 팔 일이 되매 그 이름
을 예수라 하니 곧 잉태하기 전
에 천사가 일컬은 바러라

아기 예수의 정결예식

22 모세의 법대로 정결예식•의
날이 차매 아기를 데리고 예루살
렘에 올라가니

23 이는 주의 율법에 쓴 바

"첫 태에 처음 난 남자마다 주의 거룩한 자라
하리라 한 대로 아기를 주께 드리고 출 13:2

24 또 주의 율법에 말씀하신 대로

산비둘기 한 쌍이나 혹은 어린 집비둘기 둘
로 제사하려 함이더라 레 12:8

25 예루살렘에 시므온이라 하
는 사람이 있으니 이 사람은
의롭고 경건하여 이스라엘의
위로를 기다리는 자라 성령이
그 위에 계시더라 26 그가 주
의 그리스도를 보기 전에는
죽지 아니하리라 하는 성령의
지시를 받았더니

27 성령의 감동으로 성전에 들어가매 마
침 부모가 율법의 관례대로 행하고자 하
여 그 아기 예수를 데리고 오는지라

28 시므온이 아기를 안고 하나
님을 찬송하여 이르되

29 주재여 이제는 말씀하신 대
로 종을 평안히 놓아 주시는도
다 30 내 눈이 주의 구원•을 보
았사오니 31 이는 만민 앞에 예
비하신 것이요 32 이방을 비추
는 빛이요 주의 백성 이스라엘
의 영광이니이다 하니

33 그의 부모가 그에
대한 말들을 놀랍게
여기더라 34 시므온
이 그들에게 축복하고
그의 어머니 마리아에
게 말하여 이르되

보라 이는 이스라엘 중 많은 사
람을 패하거나 흥하게 하며 비
방을 받는 표적이 되기 위하여
세움을 받았고 35 또 칼이 네
마음을 찌르듯 하리니 이는 여
러 사람의 마음의 생각을 드러
내려 함이니라 하더라

36 또 아셀 지파 바누엘의 딸 안
나라 하는 선지자가 있어 나이
가 매우 많았더라 그가 결혼한
후 일곱 해 동안 남편과 함께 살
다가 37 과부가 되고 팔십사 세
가 되었더라 이 사람이 성전을
떠나지 아니하고 주야로 금식
하며 기도함으로 섬기더니

2:22 **정결예식** 모세의 법에 따르면, 유대 여자가 아기를 낳은 후 40일이 지나면 성전에서 정결케 되어야 했다(레 12:2-8 참조).
2:30 **구원** 시므온은 예수님에 대해 말한 것이다. '예수'라는 이름은 '구원'을 의미한다.

39 주의 율법을 따라 모든 일을 마치고 갈릴리로
돌아가 본 동네 나사렛에 이르니라 40 아기가 자
라며 강하여지고 지혜가 충만하며 하나님의 은
혜가 그의 위에 있더라

46 사흘 후에 성전에서
만난즉 그가 선생들 중
에 앉으사 그들에게 듣
기도 하시며 묻기도 하
시니 47 듣는 자가 다
그 지혜와 대답을 놀랍
게 여기더라 48 그의
부모가 보고 놀라며

그의 어머니는 이르되

아이야 어찌 하여 우리에게 이렇게 하였느냐 보라 네 아버지와 내가 근심하여 너를 찾았노라

49 예수께서 이르시되

어찌하여 나를 찾으셨나이까 내가 내 아버지 집
에 있어야 될 줄을 알지 못하셨나이까 하시니

50 그 부모가 그가 하신
말씀을 깨닫지 못하더
라 51 예수께서 함께
내려가사 나사렛에 이
르러 순종하여 받드시
더라 그 어머니는 이 모
든 말을 마음에 두니라

52 예수는 지혜와 키가 자라가며 하나님
과 사람에게 더욱 사랑스러워 가시더라

3장

세례 요한의 전파

1 디베료 황제가 통치한 지 열다섯
해 곧 본디오 빌라도가 유대의 총독
으로, 헤롯이 갈릴리의 분봉 왕으로,
그 동생 빌립이 이두래와 드라고닛
지방의 분봉 왕으로, 루사니아가 아
빌레네의 분봉 왕으로, 2 안나스와
가야바가 대제사장으로 있을 때에
하나님의 말씀이 빈 들에서 사가랴
의 아들 요한에게 임한지라 3 요한
이 요단 강 부근 각처에 와서 죄 사
함을 받게 하는 회개의 세례를 전파
하니 4 선지자 이사야의 책에 쓴 바

광야에서 외치는 자의 소리가 있어 이르되 너희는 주의 길을 준
비하라 그의 오실 길을 곧게 하라 5 모든 골짜기가 메워지고 모
든 산과 작은 산이 낮아지고 굽은 것이 곧아지고 험한 길이 평탄
하여질 것이요 6 모든 육체가 하나님의 구원하심을 보리라 함과
같으니라

사 40:3-5

누가복음 3:7-11

7 요한이 세례 받으러 나아오는 무리에게 이르되

독사의 자식들아 누가 너희에게 일러 장차 올 진노를 피하라 하더냐 8 그러므로 회개에 합당한 열매를 맺고 속으로 아브라함이 우리 조상이라 말하지 말라 내가 너희에게 이르노니 하나님이 능히 이 돌들로도 아브라함의 자손이 되게 하시리라 9 이미 도끼가 나무 뿌리에 놓였으니 좋은 열매 맺지 아니하는 나무마다 찍혀 불에 던져지리라•

3:9 **이미 도끼가 … 던져지리라** 이것은 하나님께서 그분께 순종하지 않는 그분의 백성을 심판할 준비를 하셨다는 것을 의미한다.

12 세리들도 세례를 받고자 하여 와서 이르되

13 이르되

14 군인들도 물어 이르되

이르되

15 백성들이 바라고 기다리므로 모든 사람들
이 요한을 혹 그리스도신가 심중에 생각하니
16 요한이 모든 사람에게 대답하여 이르되

18 또 그밖에 여러 가지로 권하여 백성에게 좋은 소식을 전하였으나

19 분봉 왕 헤롯은 그의 동생의 아내 헤로디아의 일과 또 자기가 행한 모든 악한 일로 말미암아 요한에게 책망을 받고
20 그 위에 한 가지 악을 더하여 요한을 옥에 가두니라

세례를 받으시다

21 백성이 다 세례를 받을새 예수도 세례를 받으시고

3:17 손에 키를 … 불에 태우시리라 이것은 예수님께서 오시어 선한 사람들과 악한 사람들을 구분하여 선한 사람들을 구원하고 악한 사람들에게 벌을 내리실 것이라는 뜻이다.

누가복음 3:22-38

3:23 요셉의 위는 헬리요 요셉은 헬리의 아들이라는 뜻으로 유대인의 족보에서 '아들'(son)은 때때로 손자 또는 그보다 더 먼 친족을 가리킬 수도 있다.

4:4 사람이 … 아니라 신 8:3 인용
4:8 주 너의 … 섬기라 신 6:13 인용

이르되

네가 만일 하나님의 아들이어든 여기
서 뛰어내리라 10 기록되었으되

하나님이 너를 위하여 그 사자들을
명하사 너를 지키게 하시리라 하였고
11 또한 그들이 손으로 너를 받들어
네 발이 돌에 부딪치지 않게 하시리
라 하였느니라 시 91:11,12

12 예수께서 대답하여 이르시되

주 너의 하나님을 시험
하지 말라* 하였느니라

13 마귀가 모든 시험을 다 한
후에 얼마 동안 떠나니라

갈릴리 여러 회당에서 가르치시다

14 예수께서 성령의 능력으
로 갈릴리에 돌아가시니 그
소문이 사방에 퍼졌고 15 친
히 그 여러 회당에서 가르치
시매 뭇 사람에게 칭송을 받
으시더라

나사렛에서 배척을 받으시다

16 예수께서 그 자라나신 곳
나사렛에 이르사 안식일에 늘
하시던 대로 회당에 들어가사
성경을 읽으려고 서시매 17
선지자 이사야의 글을 드리거
늘 책을 펴서 이렇게 기록된
데를 찾으시니 곧

4:12 주 너의 하나님을 시험하지 말라 신 6:16 인용

20 책을 덮어 그 맡은
자에게 주시고 앉으시
니 회당에 있는 자들이
다 주목하여 보더라
21 이에 예수께서 그들
에게 말씀하시되

이 글이 오늘 너희 귀에
응하였느니라 하시니

22 그들이 다 그
를 증언하고 그
입으로 나오는
바 은혜로운 말
을 놀랍게 여겨
이르되

이 사람이 요셉의
아들이 아니냐

23 예수께서 그들
에게 이르시되

너희가 반드시 의사야 너 자신을 고치라 하는 속담을
인용하여 내게 말하기를 우리가 들은 바 가버나움에
서 행한 일을 네 고향 여기서도 행하라 하리라

24 또 이르시되

내가 진실로 너희에게 이르노니
선지자가 고향에서는 환영을 받
는 자가 없느니라 25 내가 참으로
너희에게 이르노니 엘리야 시대
에 하늘이 삼 년 육 개월간 닫히
어 온 땅에 큰 흉년이 들었을 때
에 이스라엘에 많은 과부가 있었
으되 26 엘리야가 그 중 한 사람
에게도 보내심을 받지 않고 오직
시돈 땅에 있는 사렙다의 한 과부
에게 뿐이었으며 27 또 선지자 엘
리사 때에 이스라엘에 많은 나병
환자가 있었으되 그 중의 한 사람
도 깨끗함을 얻지 못하고 오직 수
리아 사람 나아만뿐이었느니라

28 회당에 있는 자
들이 이것을 듣고
다 크게 화가 나서
29 일어나 동네 밖
으로 쫓아내어 그
동네가 건설된 산
낭떠러지까지 끌
고 가서 밀쳐 떨어
뜨리고자 하되

30 예수께서 그들 가운데로 지나서 가시니라

더러운 귀신 들린 사람을 고치시다

온갖 병자들을 고치시다

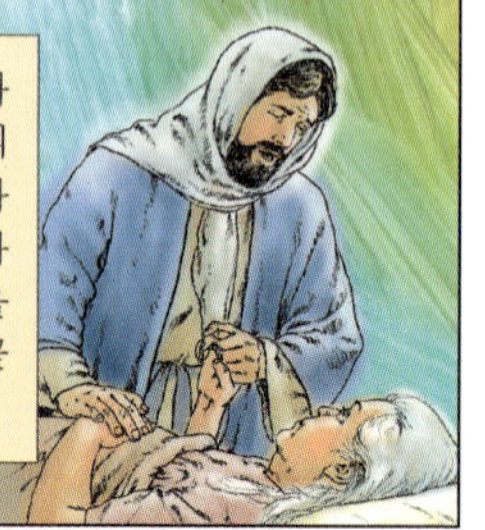

4:38 시몬 시몬의 또 다른 이름은 베드로이다.

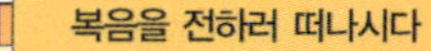

42 날이 밝으매 예수께
서 나오사 한적한 곳에
가시니 무리가 찾다가
만나서 자기들에게서
떠나시지 못하게 만류
하려 하매 43 예수께서
이르시되

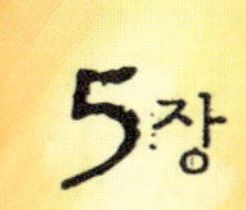

어부들이
예수를 따르다

1 무리가 몰려와서
하나님의 말씀을
들을새 예수는 게
네사렛 호숫가에
서서 2 호숫가에
배 두 척이 있는 것
을 보시니 어부들
은 배에서 나와서
그물을 씻는지라

3 예수께서 한 배에 오르시니 그 배는 시
몬의 배라 육지에서 조금 떼기를 청하시
고 앉으사 배에서 무리를 가르치시더니

4 말씀을 마치시고 시몬에게 이르시되
깊은 데로 가서 그물을 내려 고기를 잡으라
5 시몬이 대답하여 이르되
선생님 우리들이 밤이 새도록 수고하였으되 잡은 것이 없지마는 말씀에 의지하여 내가 그물을 내리리이다 하고

6 그렇게 하니 고기를 잡은 것이
심히 많아 그물이 찢어지는지라

7 이에 다른 배에
있는 동무들에게
손짓하여 와서 도
와 달라 하니 그들
이 와서 두 배에 채
우매 잠기게 되었
더라

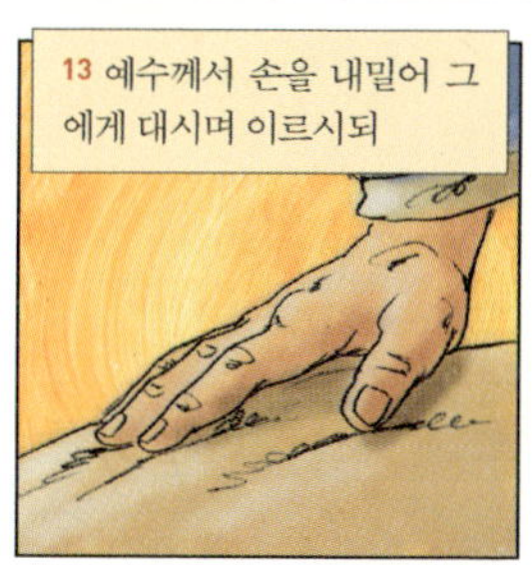

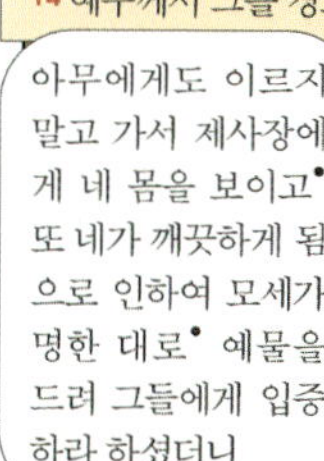

5:14 제사장에게 네 몸을 보이고 모세의 율법에 따르면, 제사장은 나병에 걸린 사람이 언제 회복된 것인지를 판단해 주어야 했다.
5:14 모세가 명한 대로 더 자세한 것은 레위기 14장 1-32절을 읽으라.

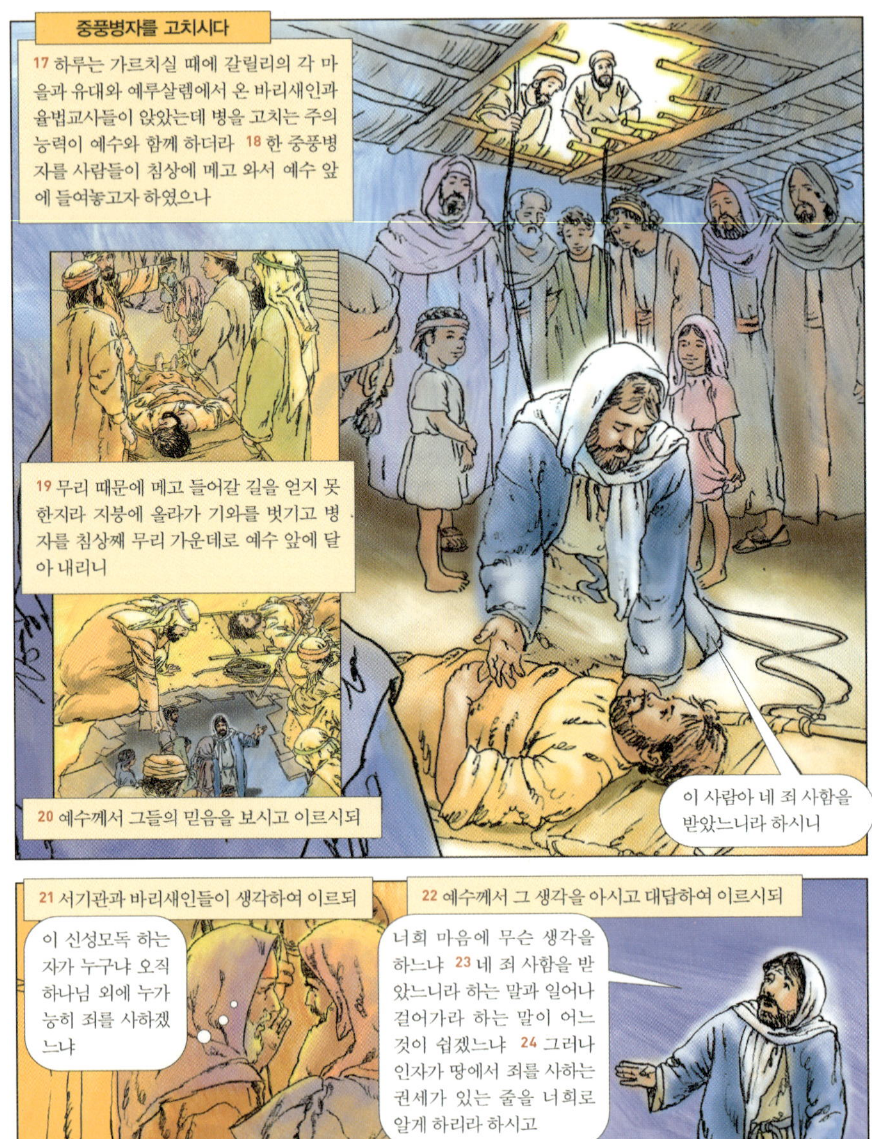
중풍병자를 고치시다
17 하루는 가르치실 때에 갈릴리의 각 마
을과 유대와 예루살렘에서 온 바리새인과
율법교사들이 앉았는데 병을 고치는 주의
능력이 예수와 함께 하더라 18 한 중풍병
자를 사람들이 침상에 메고 와서 예수 앞
에 들여놓고자 하였으나
19 무리 때문에 메고 들어갈 길을 얻지 못
한지라 지붕에 올라가 기와를 벗기고 병
자를 침상째 무리 가운데로 예수 앞에 달
아 내리니
20 예수께서 그들의 믿음을 보시고 이르시되
이 사람아 네 죄 사함을 받았느니라 하시니
21 서기관과 바리새인들이 생각하여 이르되
이 신성모독 하는 자가 누구냐 오직 하나님 외에 누가 능히 죄를 사하겠느냐
22 예수께서 그 생각을 아시고 대답하여 이르시되
너희 마음에 무슨 생각을 하느냐 23 네 죄 사함을 받았느니라 하는 말과 일어나 걸어가라 하는 말이 어느 것이 쉽겠느냐 24 그러나 인자가 땅에서 죄를 사하는 권세가 있는 줄을 너희로 알게 하리라 하시고

중풍병자에게 말씀하시되
내가 네게 이르노니 일어나 네 침상을 가지고 집으로 가라 하시매

25 그 사람이 그들 앞에서 곧 일어나 그 누웠던 것을 가지고 하나님께 영광을 돌리며 자기 집으로 돌아가니

26 모든 사람이 놀라 하나님께 영광을 돌리며

심히 두려워하여 이르되
오늘 우리가 놀라운 일을 보았다 하니라

레위가 예수를 따르다
27 그 후에 예수께서 나가사 레위라 하는 세리가 세관에 앉아 있는 것을 보시고
나를 따르라 하시니
28 그가 모든 것을 버리고 일어나 따르니라

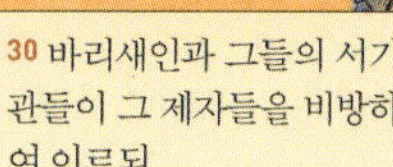
29 레위가 예수를 위하여 자기 집에서 큰 잔치를 하니 세리와 다른 사람이 많이 함께 앉아 있는지라

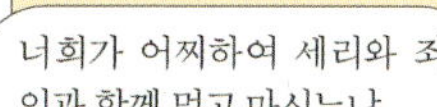
30 바리새인과 그들의 서기관들이 그 제자들을 비방하여 이르되

너희가 어찌하여 세리와 죄인과 함께 먹고 마시느냐

31 예수께서 대답하여 이르시되
건강한 자에게는 의사가 쓸 데 없고 병든 자에게라야 쓸 데 있나니 32 내가 의인을 부르러 온 것이 아니요 죄인을 불러 회개시키러 왔노라

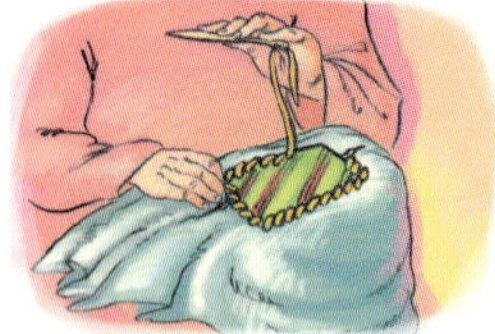

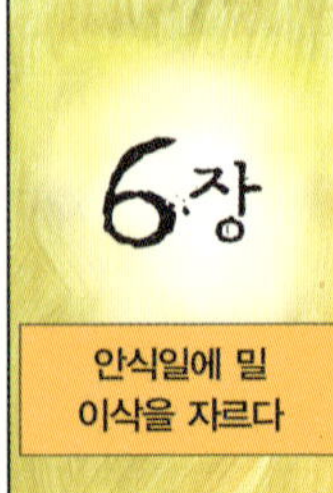

5:33 **금식** 기도하며 하나님을 경배하는 특별한 때에 사람들은 금식을 하였다. 또한 금식은 슬픔의 표현이기도 했다.

3 예수께서 대답하여 이르시되

다윗이 자기 및 자기와 함께 한 자들이 시장할 때에 한 일을 읽지 못하였느냐 4 그가 하나님의 전에 들어가서 다만 제사장 외에는 먹어서는 안 되는 진설병을 먹고 함께 한 자들에게도 주지 아니하였느냐

안식일에 손 마른 사람을 고치시다

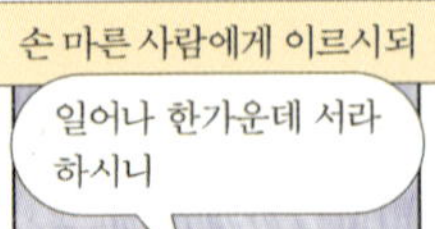

그가 일어나 서거늘 9 예수께서 그들에게 이르시되

그가 그리하매

그 손이 회복된지라

열두 제자를 사도로 택하시다

12 이 때에 예수께서 기
도하시러 산으로 가사
밤이 새도록 하나님께
기도하시고 13 밝으매
그 제자들을 부르사 그
중에서 열둘을 택하여
사도라 칭하셨으니

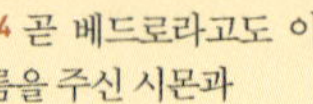

17 예수께서 그들과 함께 내려
오사 평지에 서시니 그 제자의
많은 무리와 예수의 말씀도 듣
고 병 고침을 받으려고 유대 사
방과 예루살렘과 두로와 시돈
의 해안으로부터 온 많은 백성
도 있더라 18 더러운 귀신에게
고난 받는 자들도 고침을 받은
지라 19 온 무리가 예수를 만
지려고 힘쓰니 이는 능력이 예
수께로부터 나와서 모든 사람
을 낫게 함이러라

복과 화를 선포하시다

20 예수께서 눈을 들어 제자들
을 보시고 이르시되

너희 가난한 자는 복이 있나니 하나
님의 나라가 너희 것임이요 21 지금
주린 자는 복이 있나니 너희가 배부
름을 얻을 것임이요 지금 우는 자는
복이 있나니 너희가 웃을 것임이요
22 인자로 말미암아 사람들이 너희
를 미워하며 멀리하고 욕하고 너희
이름을 악하다 하여 버릴 때에는 너
희에게 복이 있도다 23 그 날에 기
뻐하고 뛰놀라 하늘에서 너희 상이
큼이라 그들의 조상들이 선지자들
에게 이와 같이 하였느니라 24 그러
나 화 있을진저 너희 부요한 자여 너
희는 너희의 위로를 이미 받았도다
25 화 있을진저 너희 지금 배부른 자
여 너희는 주리리로다 화 있을진저
너희 지금 웃는 자여 너희가 애통하
며 울리로다 26 모든 사람이 너희를
칭찬하면 화가 있도다 그들의 조상
들이 거짓 선지자들에게 이와 같이
하였느니라

원수를 사랑하라

27 그러나 너희 듣는 자에게 내가 이
르노니 너희 원수를 사랑하며 너희
를 미워하는 자를 선대하며 28 너희
를 저주하는 자를 위하여 축복하며
너희를 모욕하는 자를 위하여 기도
하라 29 너의 이 뺨을 치는 자에게
저 뺨도 돌려대며 네 겉옷을 빼앗는
자에게 속옷도 거절하지 말라 30 네
게 구하는 자에게 주며 네 것을 가져
가는 자에게 다시 달라 하지 말며
31 남에게 대접을 받고자 하는 대로
너희도 남을 대접하라 32 너희가 만
일 너희를 사랑하는 자만을 사랑하
면 칭찬 받을 것이 무엇이냐 죄인들
도 사랑하는 자는 사랑하느니라

누가복음 6:33-47

33 너희가 만일 선대하는 자만을
선대하면 칭찬 받을 것이 무엇이
냐 죄인들도 이렇게 하느니라 34
너희가 받기를 바라고 사람들에
게 꾸어 주면 칭찬 받을 것이 무
엇이냐 죄인들도 그만큼 받고자
하여 죄인에게 꾸어 주느니라 35
오직 너희는 원수를 사랑하고 선
대하며 아무 것도 바라지 말고
꾸어 주라 그리하면 너희 상이
클 것이요 또 지극히 높으신 이
의 아들이 되리니 그는 은혜를
모르는 자와 악한 자에게도 인자
하시니라 36 너희 아버지의 자비
로우심 같이 너희도 자비로운 자
가 되라 37 비판하지 말라 그리
하면 너희가 비판을 받지 않을
것이요 정죄하지 말라 그리하면
너희가 정죄를 받지 않을 것이요
용서하라 그리하면 너희가 용서
를 받을 것이요 38 주라 그리하
면 너희에게 줄 것이니 곧 후히
되어 누르고 흔들어 넘치도록 하
여 너희에게 안겨 주리라 너희가
헤아리는 그 헤아림으로 너희도
헤아림을 도로 받을 것이니라

네 눈 속에 있는 들보

39 또 비유로 말씀하시되

맹인이 맹인을 인도할 수 있느냐
둘이 다 구덩이에 빠지지 아니하
겠느냐 40 제자가 그 선생보다
높지 못하나 무릇 온전하게 된
자는 그 선생과 같으리라 41 어
찌하여 형제의 눈 속에 있는 티
는 보고 네 눈 속에 있는 들보는
깨닫지 못하느냐 42 너는 네 눈
속에 있는 들보를 보지 못하면서
어찌하여 형제에게 말하기를 형
제여 나로 네 눈 속에 있는 티를
빼게 하라 할 수 있느냐 외식하
는 자여 먼저 네 눈 속에서 들보
를 빼라 그 후에야 네가 밝히 보
고 형제의 눈 속에 있는 티를 빼
리라 43 못된 열매 맺는 좋은 나
무가 없고 또 좋은 열매 맺는 못
된 나무가 없느니라 44 나무는
각각 그 열매로 아나니 가시나무
에서 무화과를, 또는 찔레에서
포도를 따지 못하느니라 45 선한
사람은 마음에 쌓은 선에서 선을
내고 악한 자는 그 쌓은 악에서
악을 내나니 이는 마음에 가득한
것을 입으로 말함이니라

듣고 행하는 자와 행하지 아니하는 자

46 너희는 나를 불러 주여 주여
하면서도 어찌하여 내가 말하는
것을 행하지 아니하느냐 47 내게
나아와 내 말을 듣고 행하는 자
마다 누구와 같은 것을 너희에게
보이리라

7장

백부장의 종을 고치시다

누가복음 7:6－15

6 예수께서
함께 가실새
이에 그 집이
멀지 아니하
여 백부장이
벗들을 보내
어 이르되

주여 수고하시지 마옵소서 내 집에 들어오심
을 나는 감당하지 못하겠나이다 7 그러므로
내가 주께 나아가기도 감당하지 못할 줄을
알았나이다 말씀만 하사 내 하인을 낫게 하
소서 8 나도 남의 수하에 든 사람이요 내 아
래에도 병사가 있으니 이더러 가라 하면 가
고 저더러 오라 하면 오고 내 종더러 이것을
하라 하면 하나이다

9 예수께서 들으시고 그를 놀랍게 여겨
돌이키사 따르는 무리에게 이르시되

내가 너희에게 이르노니 이스라
엘 중에서도 이만한 믿음은 만
나보지 못하였노라 하시더라

10 보내었던 사람들이 집으로 돌아가
보매 종이 이미 나아 있었더라

과부의 아들을 살리시다

11 그 후에 예수께서 나인이란 성으로 가실새 제자와 많은
무리가 동행하더니 12 성문에 가까이 이르실 때에 사람들이
한 죽은 자를 메고 나오니 이는 한 어머니의 독자요 그의 어
머니는 과부라 그 성의 많은 사람도 그와 함께 나오거늘

13 주께서 과부를 보시고 불
쌍히 여기사

울지 말라 하시고

14 가까이 가서 그 관에 손을 대시니 멘
자들이 서는지라 예수께서 이르시되

청년아 내가 네게 말하
노니 일어나라 하시매

15 죽었던 자가 일어나
앉고 말도 하거늘

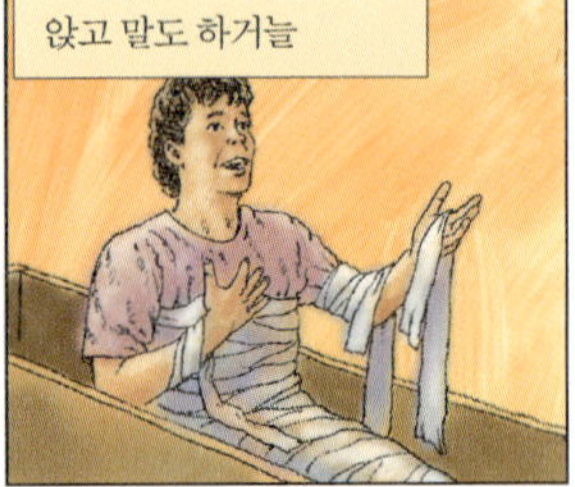

예수께서 그를 어
머니에게 주시니

16 모든 사람이 두려워
하며 하나님께 영광을
돌려 이르되

17 예수께 대한 이 소문이 온 유대와
사방에 두루 퍼지니라

세례 요한의 제자들에게 대답하시다

18 요한의 제자들이 이 모든 일을 그
에게 알리니

19 요한이 그 제자
중 둘을 불러 주께
보내어 이르되

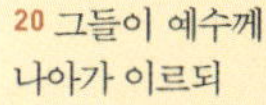

20 그들이 예수께
나아가 이르되

21 마침 그 때에 예수께서 질병과
고통과 및 악귀 들린 자를 많이 고
치시며 또 많은 맹인을 보게 하신지
라 22 예수께서 대답하여 이르시되

24 요한이 보낸 자가 떠난 후에 예수께
서 무리에게 요한에 대하여 말씀하시되

7:24 갈대 요한이 바람에 흔들리는 갈대처럼 약하지 않았다는 뜻이 이 말씀에 담겨 있다.

26 그러면 너희가 무엇을 보려고 나갔
더냐 선지자냐 옳다 내가 너희에게 이
르노니 선지자보다도 훌륭한 자니라
27 기록된 바

> 보라 내가 내 사자를 네 앞에 보
> 내노니 그가 네 앞에서 네 길을
> 준비하리라 한 것이 이 사람에
> 대한 말씀이라 말 3:1

28 내가 너희에게 말하노니 여자가 낳
은 자 중에 요한보다 큰 자가 없도다
그러나 하나님의 나라에서는 극히 작
은 자라도 그보다 크니라 하시니

29 모든 백성과 세리들
은 이미 요한의 세례를
받은지라 이 말씀을 듣
고 하나님을 의롭다 하
되 30 바리새인과 율법
교사들은 그의 세례를
받지 아니함으로 그들
자신을 위한 하나님의
뜻을 저버리니라 31 또
이르시되

이 세대의 사람을 무엇으로 비유할까
무엇과 같은가 32 비유하건대 아이들
이 장터에 앉아 서로 불러 이르되 우
리가 너희를 향하여 피리를 불어도 너
희가 춤추지 않고 우리가 곡하여도 너
희가 울지 아니하였다 함과 같도다
33 세례 요한이 와서 떡도 먹지 아니하
며 포도주도 마시지 아니하매 너희 말
이 귀신이 들렸다 하더니 34 인자는
와서 먹고 마시매 너희 말이 보라 먹
기를 탐하고 포도주를 즐기는 사람이
요 세리와 죄인의 친구로다 하니 35
지혜는 자기의 모든 자녀로 인하여 옳
다 함을 얻느니라

한 여자가 예수께 향유를 붓다

36 한 바리새인이 예수께 자기와 함께
잡수시기를 청하니 이에 바리새인의
집에 들어가 앉으셨을 때에 37 그 동
네에 죄를 지은 한 여자가 있어 예수
께서 바리새인의 집에 앉아 계심을 알
고 향유 담은 옥합을 가지고 와서

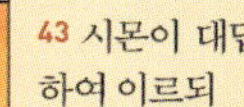

7:41 데나리온 고대 로마의 은화. 한 데나리온은 하루 노동에 대한 평균 임금이었다.

48 이에 여자에게 이르시되

49 함께 앉아 있는 자들이 속으로 말하되

50 예수께서 여자에게 이르시되

8장

여자들이 예수의 활동을 돕다

1 그 후에 예수께서 각 성과 마을에 두루 다니시며 하나님의 나라를 선포하시며 그 복음을 전하실새 열두 제자가 함께 하였고

2 또한 악귀를 쫓아내심과 병 고침을 받은 어떤 여자들 곧 일곱 귀신이 나간 자 막달라인이라 하는 마리아와 3 헤롯의 청지기 구사의 아내 요안나와 수산나와 다른 여러 여자가 함께 하여 자기들의 소유로 그들을 섬기더라

네 가지 땅에 떨어진 씨 비유

4 각 동네 사람들이 예수께로
나아와 큰 무리를 이루니 예
수께서 비유로 말씀하시되

5 씨를 뿌리는 자가 그 씨를 뿌리
러 나가서 뿌릴새 더러는 길 가

에 떨어지매 밟히며 공중의 새
들이 먹어버렸고 6 더러는 바위

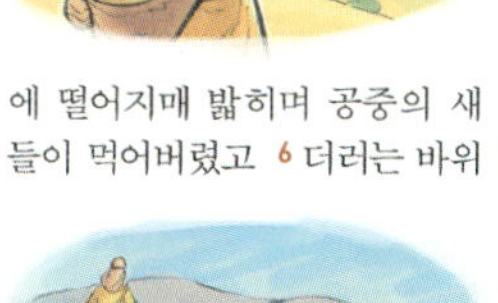

위에 떨어지매 싹이 났다가 습기

가 없으므로 말랐고 7 더러는 가

시떨기 속에 떨어지매 가시가 함
께 자라서 기운을 막았고 8 더러

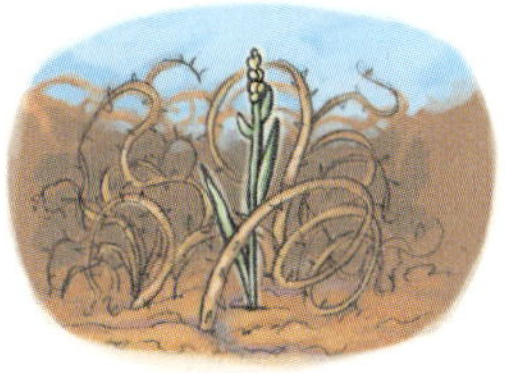

는 좋은 땅에 떨어지매 나서 백

배의 결실을 하였느니라

이 말씀을 하시고 외치시되

들을 귀 있는 자는 들을지어다

비유를 설명하시다

9 제자들이 이 비유의 뜻을
물으니 10 이르시되

하나님 나라의 비밀을 아는 것이 너희에게는 허락되었으나 다른 사람에게는 비유로 하나니

> 이는 그들로 보아도 보지 못하고 들어도 깨닫지 못하게 하려 함이라
>
> 사 6:9

11 이 비유는 이러하니라 씨는
하나님의 말씀이요 12 길 가에

있다는 것은 말씀을 들은 자니 이에 마귀가 가서 그들이 믿어 구원을 얻지 못하게 하려고 말씀을 그 마음에서 빼앗는 것이요

13 바위 위에 있다는 것은 말씀
을 들을 때에 기쁨으로 받으나

뿌리가 없어 잠깐 믿다가 시련을
당할 때에 배반하는 자요 14 가
시떨기에 떨어졌다는 것은 말씀을 들은 자이나 지내는 중 이생의 염려와 재물과 향락에 기운이 막혀 온전히 결실하지 못하는 자

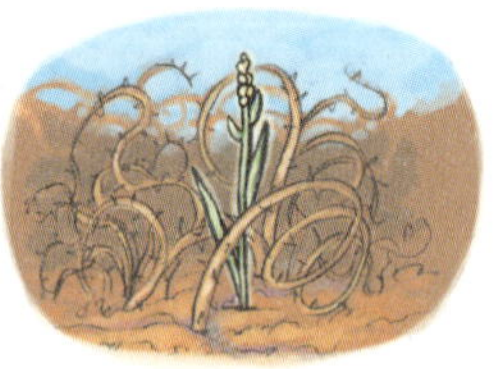

요 15 좋은 땅에 있다는 것은 착
하고 좋은 마음으로 말씀을 듣고 지키어 인내로 결실하는 자니라

등불은 등경 위에

16 누구든지 등불을 켜서 그릇으
로 덮거나 평상 아래에 두지 아

니하고 등경 위에 두나니 이는

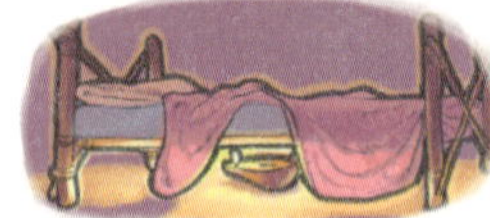

들어가는 자들로 그 빛을 보게 하려 함이라

예수의 어머니와 동생들

바람과 물결을 잔잔하게 하시다

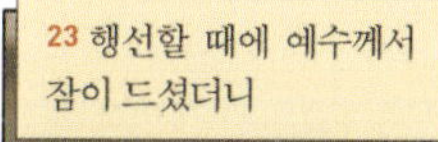

누가복음 8:24-25

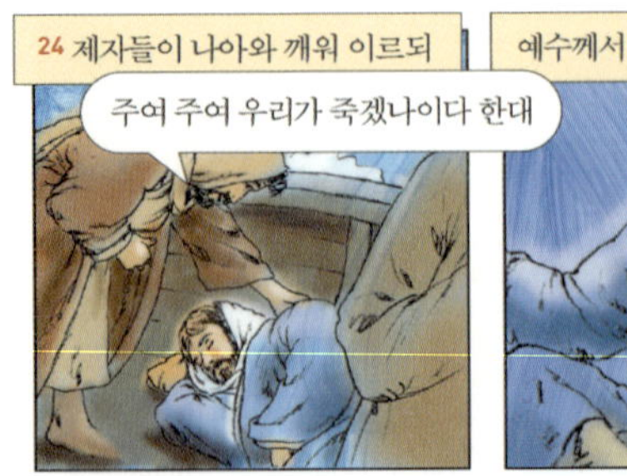
24 제자들이 나아와 깨워 이르되
주여 주여 우리가 죽겠나이다 한대

예수께서 잠을 깨사

바람과 물결을 꾸짖으시니

이에 그쳐 잔잔하여지더라

25 제자들에게 이르시되
너희 믿음이 어디 있느냐 하시니

그들이 두려워하고 놀랍게 여겨 서로 말하되
그가 누구이기에 바람과 물을 명하매 순종하는가 하더라

귀신 들린 사람을 고치시다

26 그들이 갈릴리 맞은편 거라사인의 땅•에 이르러

27 예수께서 육지에 내리시매 그 도시 사람으로서 귀신 들린 자 하나가 예수를 만나니 그 사람은 오래 옷을 입지 아니하며 집에 거하지도 아니하고 무덤 사이에 거하는 자라 28 예수를 보고 부르짖으며 그 앞에 엎드려 큰 소리로 불러 이르되

29 이는 예수께서 이미 더러운 귀신을 명하사 그 사람에게서 나오라 하셨음이라 (귀신이 가끔 그 사람을 붙잡으므로 그를 쇠사슬과 고랑에 매어 지켰으되 그 맨 것을 끊고 귀신에게 몰려 광야로 나갔더라)

30 예수께서

물으신즉 이르되

하니 이는 많은 귀신이 들렸음이라 31 무저갱•으로 들어가라 하지 마시기를 간구하더니

32 마침 그 곳에 많은 돼지 떼가 산에서 먹고 있는지라 귀신들이 그 돼지에게로 들어가게 허락하심을 간구하니 이에 허락하시니

33 귀신들이 그 사람에게서 나와 돼지에게로 들어가니 그 떼가 비탈로 내리달아 호수에 들어가 몰사하거늘

8:26 거라사인의 땅 갈릴리 호수 동남쪽에 있던 지역이지만 구체적인 위치는 불확실하다. 어떤 헬라어 사본들에서는 '가다라인의 지방'으로, 또 다른 헬라어 사본들에서는 '게르게사인의 지방'으로 나온다.

8:30 군대 이것은 매우 많다는 뜻이다. 고대 로마에서 하나의 군대는 약 5천 명으로 구성되었다.

8:31 무저갱 바닥이 없는 구덩이

누가복음 8:34-42

34 치던 자들이 그 이루어진
일을 보고 도망하여 성내와
마을에 알리니 35 사람들이
그 이루어진 일을 보러 나
와서 예수께 이르러 귀신
나간 사람이 옷을 입고 정
신이 온전하여

예수의 발치에 앉아 있는 것을
보고 두려워하거늘 36 귀신 들
렸던 자가 어떻게 구원 받았는
지를 본 자들이 그들에게 이르
매 37 거라사인의 땅 근방 모든
백성이 크게 두려워하여 예수께
떠나가시기를 구하더라

예수께서 배에 올라 돌아가실
새 38 귀신 나간 사람이 함께
있기를 구하였으나 예수께서
그를 보내시며 이르시되

39 집으로 돌아가 하나님이
네게 어떻게 큰 일을 행하
셨는지를 말하라 하시니

그가 가서 예수께
서 자기에게 어떻
게 큰 일을 행하
셨는지를 온 성내
에 전파하니라

야이로의 딸과 예수의 옷에 손 댄 여자

40 예수께서 돌아오시매 무리가 환영하
니 이는 다 기다렸음이러라 41 이에 회당
장인 야이로라 하는 사람이 와서 예수의
발 아래에 엎드려 자기 집에 오시기를 간
구하니 42 이는 자기에게 열두 살 된 외
딸이 있어 죽어감이러라 예수께서 가실
때에 무리가 밀려들더라

43 이에 열두 해를 혈루증으로 앓는 중에 아무에게도 고침을 받지 못하던 여자가 44 예수의 뒤로 와서

그의 옷 가에 손을 대니

혈루증이 즉시 그쳤더라

45 예수께서 이르시되
내게 손을 댄 자가 누구냐 하시니
다 아니라 할 때에 베드로가 이르되
주여 무리가 밀려들어 미나이다

46 예수께서 이르시되
내게 손을 댄 자가 있도다 이는 내게서 능력이 나간 줄 앎이로다 하신대

47 여자가 스스로 숨기지 못할 줄 알고 떨며 나아와 엎드리어 그 손 댄 이유와 곧 나은 것을 모든 사람 앞에서 말하니 48 예수께서 이르시되
딸아 네 믿음이 너를 구원하였으니 평안히 가라 하시더라

49 아직 말씀하실 때에 회당장의 집에서 사람이 와서 말하되
당신의 딸이 죽었나이다 선생님을 더 괴롭게 하지 마소서 하거늘

50 예수께서 들으시고 이르시되
두려워하지 말고 믿기만 하라 그리하면 딸이 구원을 얻으리라 하시고

51 그 집에 이르러 베드로와 요한과 야고보와 아
이의 부모 외에는 함께 들어가기를 허락하지 아
니하시니라 52 모든 사람이 아이를 위하여 울며
통곡하매 예수께서 이르시되
울지 말라 죽은 것이 아니라 잔다 하시니
53 그들이 그 죽은 것을 아는 고로 비웃더라
54 예수께서 아이의 손을 잡고 불러 이르시되
아이야 일어나라 하시니

9:5 너희 발에서 먼지를 떨어 버려 이것은 그들이 사람들에게 할 말을 다 했다는 표시가 된다.

헤롯이 듣고 심히 당황하다
7 분봉 왕 헤롯이 이 모든 일
을 듣고 심히 당황하니 이는
어떤 사람은 요한이 죽은 자
가운데서 살아났다고도 하
며 8 어떤 사람은 엘리야가
나타났다고도 하며 어떤 사
람은 옛 선지자 한 사람이
다시 살아났다고도 함이라
9 헤롯이 이르되
요한은 내가 목을 베었거늘 이제 이런 일이 들리니 이 사람이 누군가 하며
그를 보고자 하더라

오천 명을 먹이시다
10 사도들이 돌아와 자
기들이 행한 모든 것을
예수께 여쭈니 데리시
고 따로 벳새다라는 고
을로 떠나 가셨으나
11 무리가 알고 따라왔거늘
예수께서 그들을 영접하사
하나님 나라의 일을 이야기
하시며 병 고칠 자들은 고치
시더라

12 날이 저물어 가매 열두
사도가 나아와 여짜오되
무리를 보내어 두루 마을과 촌으로 가서 유하며 먹을 것을 얻게 하소서 우리가 있는 여기는 빈 들이니이다
13 예수께서 이르시되
너희가 먹을 것을 주라

하시니 여짜오되
우리에게 떡 다섯 개와 물고기 두 마리밖에 없으니 이 모든 사람을 위하여 먹을 것을 사지 아니하고서는 할 수 없사옵나이다 하니
14 이는 남자가 한 오천 명 됨
이러라 제자들에게 이르시되
떼를 지어 한 오십 명씩 앉히라 하시니

9:19 엘리야 하나님의 말씀을 대언했던 사람. 그는 그리스도께서 오시기 몇 백 년 전에 살았다.

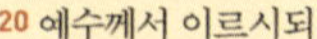

21 경고하사 이 말을 아무에게
도 이르지 말라 명하시고 22
이르시되

인자가 많은 고난을 받고

9:26 인자 예수님을 가리키는 말
9:30 모세와 엘리야 유대의 과거 역사에서 가장 중요한 지도자들 중 두 사람

32 베드로와 및 함께 있는 자들이 깊이 졸다가 온전히 깨어나 예수의 영광과 및 함께 선 두 사람을 보더니

33 두 사람이 떠날 때에 베드로가 예수께 여짜오되
주여 우리가 여기 있는 것이 좋사오니 우리가 초막 셋을 짓되

하나는 주를 위하여, 하나는 모세를 위하여, 하나는 엘리야를 위하여 하사이다 하되
자기가 하는 말을 자기도 알지 못하더라

34 이 말 할 즈음에 구름이 와서 그들을 덮는지라 구름 속으로 들어갈 때에 그들이 무서워하더니 35 구름 속에서 소리가 나서 이르되
이는 나의 아들 곧 택함을 받은 자니 너희는 그의 말을 들으라 하고

36 소리가 그치매 오직 예수만 보이더라 제자들이 잠잠하여 그 본 것을 무엇이든지 그 때에는 아무에게도 이르지 아니하니라

귀신 들린 아이를 낫게 하시다
37 이튿날 산에서 내려오시니 큰 무리가 맞을새 38 무리 중의 한 사람이 소리 질러 이르되

선생님 청컨대 내 아들을 돌보아 주옵소서 이는 내 외아들이니이다 39 귀신이 그를 잡아 갑자기 부르짖게 하고 경련을 일으켜 거품을 흘리게 하며 몹시 상하게 하고야 겨우 떠나가나이다 40 당신의 제자들에게 내쫓아 주기를 구하였으나 그들이 능히 못하더이다
41 예수께서 대답하여 이르시되
믿음이 없고 패역한 세대여 내가 얼마나 너희와 함께 있으며 너희에게 참으리요 네 아들을 이리로 데리고 오라 하시니

누가복음 9:42-48

42 올 때에 귀신이 그를 거꾸러뜨리고 심한 경련을 일으키게 하는지라 예수께서 더러운 귀신을 꾸짖으시고

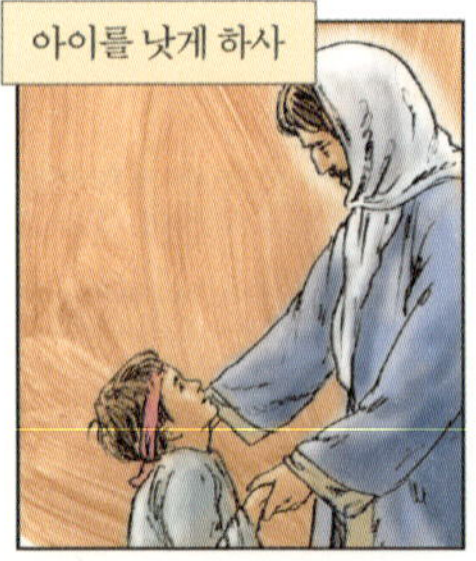
아이를 낫게 하사

그 아버지에게 도로 주시니

43 사람들이 다 하나님의 위엄에 놀라니라

인자가 사람들의 손에 넘겨지리라
그들이 다 그 행하시는 모든 일을 놀랍게 여길새 예수께서 제자들에게 이르시되
44 이 말을 너희 귀에 담아 두라 인자가 장차 사람들의 손에 넘겨지리라 하시되

45 그들이 이 말씀을 알지 못하니 이는 그들로 깨닫지 못하게 숨긴 바 되었음이라 또 그들은 이 말씀을 묻기도 두려워하더라

누가 크냐
46 제자 중에서 누가 크냐 하는 변론이 일어나니

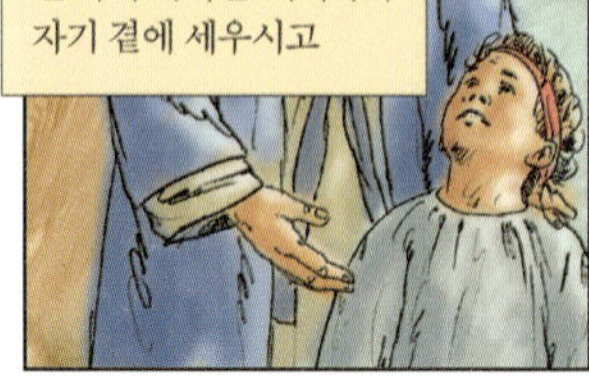
47 예수께서 그 마음에 변론하는 것을 아시고 어린 아이 하나를 데려다가 자기 곁에 세우시고

48 그들에게 이르시되
누구든지 내 이름으로 이런 어린 아이를 영접하면 곧 나를 영접함이요 또 누구든지 나를 영접하면 곧 나를 보내신 이를 영접함이라 너희 모든 사람 중에 가장 작은 그가 큰 자니라

너희를 위하는 사람

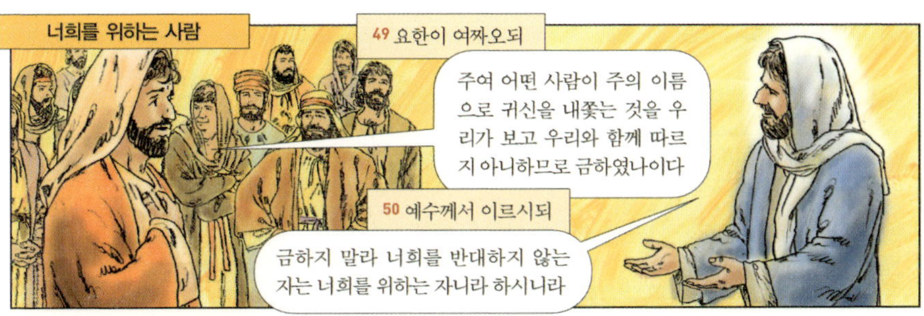

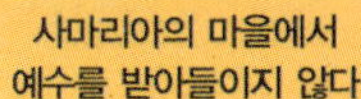

사마리아의 마을에서 예수를 받아들이지 않다

나를 따르라

9:54 **우리가 불을 명하여** 일부 헬라어 사본들에는 "우리가 엘리야가 했듯이 불을 명하여"라고 되어 있다.
9:55,56 **꾸짖으시고 함께 다른 마을로** '꾸짖으시고' 다음에 일부 헬라어 사본들에는 "말씀하시기를 너희는 너희가 어떤 영에 속해 있는지를 모르는구나. 인자는 사람들의 영혼을 멸하기 위해 오지 않고 구원하기 위해 왔노라 하시고"라고 기록되어 있다.

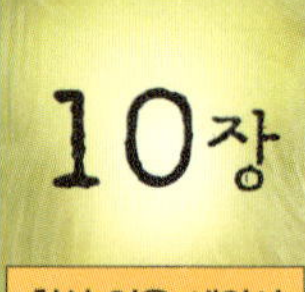

2 이르시되 추수할 것은 많되 일꾼
이 적으니 그러므로 추수하는 주
인에게 청하여 추수할 일꾼들을
보내 주소서 하라 3 갈지어다 내
가 너희를 보냄이 어린 양을 이
리 가운데로 보냄과 같도다 4 전
대나 배낭이나 신발을 가지지 말
며 길에서 아무에게도 문안하지
말며 5 어느 집에 들어가든지 먼
저 말하되 이 집이 평안할지어다
하라 6 만일 평안을 받을 사람이
거기 있으면 너희의 평안이 그에
게 머물 것이요 그렇지 않으면
너희에게로 돌아오리라 7 그 집
에 유하며 주는 것을 먹고 마시
라 일꾼이 그 삯을 받는 것이 마
땅하니라 이 집에서 저 집으로
옮기지 말라 8 어느 동네에 들어
가든지 너희를 영접하거든 너희
앞에 차려놓는 것을 먹고 9 거기
있는 병자들을 고치고 또 말하기
를 하나님의 나라가 너희에게 가
까이 왔다 하라 10 어느 동네에
들어가든지 너희를 영접하지 아
니하거든 그 거리로 나와서 말하
되 11 너희 동네에서 우리 발에
묻은 먼지도 너희에게 떨어버리
노라 그러나 하나님의 나라가 가
까이 온 줄을 알라 하라 12 내가
너희에게 말하노니 그 날에 소
돔•이 그 동네보다 견디기 쉬우
리라 13 화 있을진저 고라신아,
화 있을진저 벳새다야, 너희에게
행한 모든 권능을 두로와 시돈•
에서 행하였더라면 그들이 벌써
베옷을 입고 재에 앉아 회개하였
으리라 14 심판 때에 두로와 시
돈이 너희보다 견디기 쉬우리라
15 가버나움•아 네가 하늘에까지
높아지겠느냐 음부에까지 낮아
지리라 16 너희 말을 듣는 자는
곧 내 말을 듣는 것이요 너희를
저버리는 자는 곧 나를 저버리는
것이요 나를 저버리는 자는 나
보내신 이를 저버리는 것이라 하
시니라

10:12 **소돔** 너무나 악했기 때문에 하나님께 멸망당한 도시
10:13 **두로와 시돈** 사악한 사람들이 살았던 도시들
10:13-15 **고라신 … 벳새다 … 가버나움** 갈릴리 호수 옆에 있는 도시들로서 예수님께서 사람들에게 말씀을 전하신 곳

칠십 인이 돌아오다

예수의 감사 기도

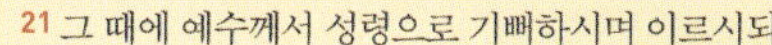

누가복음 10:25-34

자비를 베푼 사마리아 사람

25 어떤 율법교사가 일어나 예수를 시험하여 이르되

선생님 내가 무엇을 하여야 영생을 얻으리이까

26 예수께서 이르시되

율법에 무엇이라 기록되었으며 네가 어떻게 읽느냐

27 대답하여 이르되

네 마음을 다하며 목숨을 다하며 힘을 다하며 뜻을 다하여 주 너의 하나님을 사랑하고 또한 네 이웃을 네 자신 같이 사랑하라* 하였나이다

28 예수께서 이르시되

네 대답이 옳도다 이를 행하라 그러면 살리라 하시니

29 그 사람이 자기를 옳게 보이려고 예수께 여짜오되

그러면 내 이웃이 누구니이까

30 예수께서 대답하여 이르시되

어떤 사람이 예루살렘에서 여리
고로 내려가다가 강도를 만나매
강도들이 그 옷을 벗기고 때려
거의 죽은 것을 버리고 갔더라

31 마침 한 제사장이 그 길로 내
려가다가 그를 보고 피하여 지나

가고 32 또 이와 같이 한 레위인*
도 그 곳에 이르러 그를 보고 피

하여 지나가되 33 어떤 사마리
아 사람*은 여행하는 중 거기 이

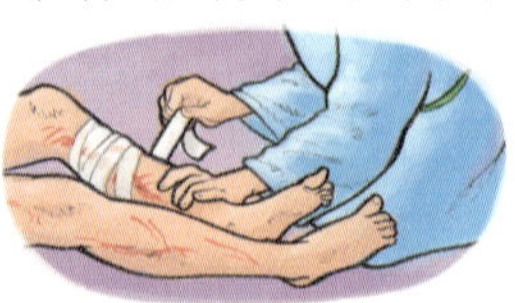

르러 그를 보고 불쌍히 여겨 34
가까이 가서 기름과 포도주*를
그 상처에 붓고 싸매고 자기 짐

승에 태워 주막으로 데리고 가서
돌보아 주니라

10:27 **네 마음을 … 사랑하라** 신 6:5, 레 19:18 인용
10:32 **레위인** 레위인들은 레위 지파 출신으로서 성전에서 유대 제사장들의 일을 도왔다(대상 23:24-32 참조).
10:33 **사마리아 사람** 그들은 유대인의 피와 이방인의 피가 섞인 사람들이었다. 유대인들은 그들을 진정한 유대인으로 받아들이지 않았다. 사마리아인들과 유대인들은 서로 미워했다.
10:34 **기름과 포도주** 상처를 깨끗이 씻고 완화시키기 위해 기름과 포도주가 마치 약품처럼 사용되었다.

35 그 이튿날 그가 주막 주인에게
데나리온 둘을 내어 주며 이르되
이 사람을 돌보아 주라 비용이
더 들면 내가 돌아올 때에 갚으
리라 하였으니 36 네 생각에는
이 세 사람 중에 누가 강도 만난
자의 이웃이 되겠느냐

37 이르되

예수께서 이르시되

마르다와 마리아

38 그들이 길 갈 때에 예수께서
한 마을에 들어가시매

마르다라 이름하는 한 여자가 자기 집으로 영접하더라 39 그에게 마리아라 하는 동생이 있어
주의 발치에 앉아 그의 말씀을 듣더니 40 마르다는 준비하는 일이 많아 마음이 분주한지라

예수께 나아가 이르되
주여 내 동생이 나 혼자 일하게 두는 것을 생각하지 아니하시나이까 그를 명하사 나를 도와 주라 하소서
41 주께서 대답하여 이르시되
마르다야 마르다야 네가 많은 일로 염려하고 근심하나 42 몇 가지만 하든지 혹은 한 가지만이라도 족하니라 마리아는 이 좋은 편을 택하였으니 빼앗기지 아니하리라 하시니라

11장
기도를 가르치시다

1 예수께서 한 곳에서 기도하시고 마치시매
제자 중 하나가 여짜오되
주여 요한이 자기 제자들에게 기도를 가르친 것과 같이 우리에게도 가르쳐 주옵소서

2 예수께서 이르시되
너희는 기도할 때에 이렇게 하라 아버지여 이름이 거룩히 여김을 받으시오며 나라가 임하시오며 3 우리에게 날마다 일용할 양식을 주시옵고 4 우리가 우리에게 죄 지은 모든 사람을 용서하오니 우리 죄도 사하여 주시옵고 우리를 시험에 들게 하지 마시옵소서 하라

5 또 이르시되
너희 중에 누가 벗이 있는데 밤중에 그에게 가서 말하기를

벗이여 떡 세 덩이를 내게 꾸어 달라 6 내 벗이 여행중에 내게 왔으나 내가 먹일 것이 없노라 하면

7 그가 안에서 대답하여 이르되

나를 괴롭게 하지 말라 문이
이미 닫혔고 아이들이 나와 함
께 침실에 누웠으니 일어나 네
게 줄 수가 없노라 하겠느냐

8 내가 너희에게 말하노니 비록
벗 됨으로 인하여서는 일어나서
주지 아니할지라도 그 간청함을
인하여 일어나 그 요구대로 주리
라 9 내가 또 너희에게 이르노니
구하라 그러면 너희에게 주실 것
이요 찾으라 그러면 찾아낼 것이
요 문을 두드리라 그러면 너희에
게 열릴 것이니 10 구하는 이마
다 받을 것이요 찾는 이는 찾아
낼 것이요 두드리는 이에게는 열
릴 것이니라 11 너희 중에 아버
지 된 자로서 누가 아들이 생선을
달라 하는데 생선 대신에 뱀을 주
며 12 알을 달라 하는 데 전갈을

주겠느냐 13 너희가 악할지라도
좋은 것을 자식에게 줄 줄 알거
든 하물며 너희 하늘 아버지께서
구하는 자에게 성령을 주시지 않
겠느냐 하시니라

예수와 바알세불

14 예수께서 한 말 못하게 하는 귀신을
쫓아내시니 귀신이 나가매 말 못하는
사람이 말하는지라 무리들이 놀랍게
여겼으나 15 그 중에 더러는 말하기를

그가 귀신의 왕 바알세불을
힘입어 귀신을 쫓아낸다 하고

16 또 더러는 예수를 시험하여 하늘로부터 오는 표적을 구하니

17 예수께서 그들의 생각을 아시고 이르시되

스스로 분쟁하는 나라마다 황
폐하여지며 스스로 분쟁하는
집은 무너지느니라 18 너희
말이 내가 바알세불을 힘입어
귀신을 쫓아낸다 하니 만일
사탄이 스스로 분쟁하면 그의
나라가 어떻게 서겠느냐

19 내가 바알세불을 힘입
어 귀신을 쫓아내면 너희
아들들은 누구를 힘입어
쫓아내느냐 그러므로 그
들이 너희 재판관이 되리
라 20 그러나 내가 만일
하나님의 손을 힘입어
귀신을 쫓아낸다면 하나
님의 나라가 이미 너희
에게 임하였느니라

누가복음 11:21－31

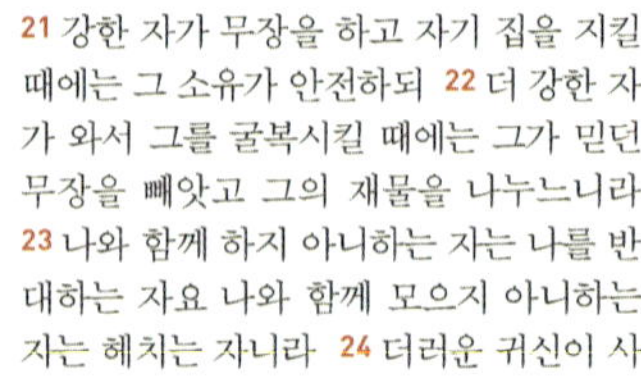

복이 있는 자

악한 세대가 표적을 구하나

11:29 요나의 표적 요나가 큰 물고기 안에 3일간 있었던 사건은 예수님께서 3일간 무덤에 머물러 계셨던 사건과 유사하다.
11:31 남방 여왕 스바의 여왕. 그녀는 솔로몬에게서 하나님의 지혜를 배우기 위해 1,600킬로미터를 여행했다(왕상 10:1-13 참조).

32 심판 때에 니느웨 사람들이
일어나 이 세대 사람을 정죄하
리니 이는 그들이 요나의 전도
를 듣고 회개하였음이거니와
요나보다 더 큰 이가 여기 있느
니라

눈은 몸의 등불

33 누구든지 등불을 켜서 움 속
에나 말 아래에 두지 아니하고

등경 위에 두나니 이는 들어가
는 자로 그 빛을 보게 하려 함
이라 34 네 몸의 등불은 눈이라

네 눈이 성하면 온 몸이 밝을 것
이요 만일 나쁘면 네 몸도 어두
우리라 35 그러므로 네 속에 있
는 빛이 어둡지 아니한가 보라
36 네 온 몸이 밝아 조금도 어두
운 데가 없으면 등불의 빛이 너
를 비출 때와 같이 온전히 밝으
리라 하시니라

바리새인과 율법교사

37 예수께서 말씀하실 때에 한 바
리새인이 자기와 함께 점심 잡수
시기를 청하므로 들어가 앉으셨
더니 38 잡수시기 전에 손 씻지
아니하심을* 그 바리새인이 보고
이상히 여기는지라 39 주께서 이
르시되

너희 바리새인은 지금 잔과
대접의 겉은 깨끗이 하나 너
희 속에는 탐욕과 악독이 가
득하도다 40 어리석은 자들
아 겉을 만드신 이가 속도 만
들지 아니하셨느냐 41 그러
나 그 안에 있는 것으로 구제
하라 그리하면 모든 것이 너
희에게 깨끗하리라

42 화 있을진저 너희 바리새인이
여 너희가 박하와 운향과 모든
채소의 십일조는 드리되 공의와
하나님께 대한 사랑은 버리는도
다 그러나 이것도 행하고 저것도
버리지 말아야 할지니라 43 화
있을진저 너희 바리새인이여 너
희가 회당의 높은 자리와 시장에
서 문안 받는 것을 기뻐하는도다

44 화 있을진저 너희여 너희는
평토장한 무덤 같아서 그 위를
밟는 사람이 알지 못하느니라

11:38 손 씻지 아니하심을 식사 전에 손을 씻는 것은 바리새인들이 매우 중요하게 여긴 유대인의 종교적 관습이었다.

45 한 율법교사가 예수께 대답
하여 이르되

선생님 이렇게 말씀
하시니 우리까지 모
욕하심이니이다

46 이르시되

화 있을진저 또 너희 율법
교사여 지기 어려운 짐을
사람에게 지우고 너희는 한
손가락도 이 짐에 대지 않
는도다 47 화 있을진저 너
희는 선지자들의 무덤을 만
드는도다 그들을 죽인 자도
너희 조상들이로다

48 이와 같이 그들은 죽이고 너
희는 무덤을 만드니 너희가 너희
조상의 행한 일에 증인이 되어
옳게 여기는도다 49 그러므로
하나님의 지혜가 일렀으되 내가
선지자와 사도들을 그들에게 보
내리니 그 중에서 더러는 죽이며
또 박해하리라 하였느니라 50
창세 이후로 흘린 모든 선지자의
피를 이 세대가 담당하되 51 곧
아벨의 피로부터 제단과 성전 사
이에서 죽임을 당한 사가랴•의
피까지 하리라 내가 너희에게 이
르노니 과연 이 세대가 담당하리
라 52 화 있을진저 너희 율법교
사여 너희가 지식의 열쇠를 가져
가서 너희도 들어가지 않고 또
들어가고자 하는 자도 막았느니
라 하시니라

53 거기서 나오실 때에
서기관과 바리새인들
이 거세게 달려들어
여러 가지 일을 따져
묻고 54 그 입에서 나
오는 말을 책잡고자
하여 노리고 있더라

11:51 **아벨 … 사가랴** 히브리 구약성경에서 제일 먼저 살해당한 사람과 제일 마지막에 살해당한 사람

1 그 동안에 무리 수만 명이 모여
서로 밟힐 만큼 되었더니 예수께
서 먼저 제자들에게 말씀하여 이
르시되

바리새인들의 누룩 곧 외식을
주의하라 2 감추인 것이 드러나
지 않을 것이 없고 숨긴 것이 알
려지지 않을 것이 없나니 3 이
러므로 너희가 어두운 데서 말
한 모든 것이 광명한 데서 들리
고 너희가 골방에서 귀에 대고
말한 것이 지붕 위에서 전파되
리라 4 내가 내 친구 너희에게
말하노니 몸을 죽이고 그 후에
는 능히 더 못하는 자들을 두려
워하지 말라 5 마땅히 두려워할
자를 내가 너희에게 보이리니
곧 죽인 후에 또한 지옥에 던져
넣는 권세 있는 그를 두려워하
라 내가 참으로 너희에게 이르
노니 그를 두려워하라 6 참새
다섯 마리가 두 앗사리온에 팔
리는 것이 아니냐 그러나 하나
님 앞에는 그 하나도 잊어버리
시는 바 되지 아니하는도다 7
너희에게는 심지어 머리털까지
도 다 세신 바 되었나니 두려워
하지 말라 너희는 많은 참새보
다 더 귀하니라 8 내가 또한 너
희에게 말하노니 누구든지 사람
앞에서 나를 시인하면 인자도
하나님의 사자들 앞에서 그를
시인할 것이요 9 사람 앞에서
나를 부인하는 자는 하나님의
사자들 앞에서 부인을 당하리라
10 누구든지 말로 인자를 거역하
면 사하심을 받으려니와 성령을
모독하는 자는 사하심을 받지
못하리라 11 사람이 너희를 회
당이나 위정자나 권세 있는 자
앞에 끌고 가거든 어떻게 무엇
으로 대답하며 무엇으로 말할까
염려하지 말라 12 마땅히 할 말
을 성령이 곧 그 때에 너희에게
가르치시리라 하시니라

한 부자 비유

13 무리 중에 한 사람이 이르되

14 이르시되

15 그들에게 이르시되

16 또 비유로 그들에게 말하여 이르시되

한 부자가 그 밭에 소출이 풍성하
매 17 심중에 생각하여 이르되

내가 곡식 쌓아 둘 곳이
없으니 어찌할까 하고

18 또 이르되

내가 이렇게 하리라 내 곳간을
헐고 더 크게 짓고 내 모든 곡식
과 물건을 거기 쌓아 두리라 19
또 내가 내 영혼에게 이르되 영
혼아 여러 해 쓸 물건을 많이 쌓
아 두었으니 평안히 쉬고 먹고
마시고 즐거워하자 하리라 하되

20 하나님은 이르시되 어리석은
자여 오늘 밤에 네 영혼을 도로 찾
으리니 그러면 네 준비한 것이 누
구의 것이 되겠느냐 하셨으니 21

자기를 위하여 재물을 쌓아 두고
하나님께 대하여 부요하지 못한
자가 이와 같으니라

목숨과 몸을 위하여 염려하지 말라

22 또 제자들에
게 이르시되

그러므로 내가 너희에게 이르노니 너희 목숨을 위하여
무엇을 먹을까 몸을 위하여 무엇을 입을까 염려하지 말
라 23 목숨이 음식보다 중하고 몸이 의복보다 중하니라

24 까마귀를 생각하라 심지도 아
니하고 거두지도 아니하며 골방
도 없고 창고도 없으되 하나님이
기르시나니 너희는 새보다 얼마

나 더 귀하냐 25 또 너희 중에 누
가 염려함으로 그 키를 한 자라
도 더할 수 있느냐 26 그런즉 가
장 작은 일도 하지 못하면서 어
찌 다른 일들을 염려하느냐 27
백합화를 생각하여 보라 실도 만
들지 않고 짜지도 아니하느니라

그러나 내가 너희에게 말하노니

솔로몬의 모든 영광으로도 입은
것이 이 꽃 하나만큼 훌륭하지
못하였느니라 28 오늘 있다가
내일 아궁이에 던져지는 들풀도
하나님이 이렇게 입히시거든 하
물며 너희일까보냐 믿음이 작은
자들아 29 너희는 무엇을 먹을
까 무엇을 마실까 하여 구하지
말며 근심하지도 말라 30 이 모
든 것은 세상 백성들이 구하는
것이라 너희 아버지께서는 이런
것이 너희에게 있어야 할 것을
아시느니라 31 다만 너희는 그
의 나라를 구하라 그리하면 이런
것들을 너희에게 더하시리라 32
적은 무리여 무서워 말라 너희
아버지께서 그 나라를 너희에게
주시기를 기뻐하시느니라 33 너
희 소유를 팔아 구제하여 낡아지
지 아니하는 배낭을 만들라 곧
하늘에 둔 바 다함이 없는 보물
이니 거기는 도둑도 가까이 하는
일이 없고 좀도 먹는 일이 없느
니라 34 너희 보물 있는 곳에는
너희 마음도 있으리라

깨어 준비하고 있으라

35 허리에 띠를 띠고 등불을 켜
고 서 있으라 36 너희는 마치 그
주인이 혼인 집에서 돌아와 문을
두드리면 곧 열어 주려고 기다리
는 사람과 같이 되라 37 주인이
와서 깨어 있는 것을 보면 그 종
들은 복이 있으리로다 내가 진실
로 너희에게 이르노니 주인이 띠
를 띠고 그 종들을 자리에 앉히
고 나아와 수종들리라 38 주인
이 혹 이경에나 혹 삼경에 이르
러서도 종들이 그같이 하고 있는
것을 보면 그 종들은 복이 있으
리로다 39 너희도 아는 바니 집
주인이 만일 도둑이 어느 때에
이를 줄 알았더라면 그 집을 뚫
지 못하게 하였으리라 40 그러
므로 너희도 준비하고 있으라 생
각하지 않은 때에 인자가 오리라
하시니라

42 주께서 이르시되

지혜 있고 진실한 청지기가 되어
주인에게 그 집 종들을 맡아 때
를 따라 양식을 나누어 줄 자가
누구냐 43 주인이 이를 때에 그
종이 그렇게 하는 것을 보면 그
종은 복이 있으리로다 44 내가
참으로 너희에게 이르노니 주인
이 그 모든 소유를 그에게 맡기
리라 45 만일 그 종이 마음에 생
각하기를 주인이 더디 오리라 하
여 남녀 종들을 때리며 먹고 마
시고 취하게 되면 46 생각하지
않은 날 알지 못하는 시각에 그
종의 주인이 이르러 엄히 때리고
신실하지 아니한 자의 받는 벌에
처하리니 47 주인의 뜻을 알고
도 준비하지 아니하고 그 뜻대로
행하지 아니한 종은 많이 맞을
것이요 48 알지 못하고 맞을 일
을 행한 종은 적게 맞으리라 무
릇 많이 받은 자에게는 많이 요
구할 것이요 많이 맡은 자에게는
많이 달라 할 것이니라

불을 던지러, 분쟁을 일으키러 왔다

49 내가 불을 땅에 던지러 왔노
니 이 불이 이미 붙었으면 내가
무엇을 원하리요 50 나는 받을
세례가 있으니* 그것이 이루어
지기까지 나의 답답함이 어떠하
겠느냐 51 내가 세상에 화평을
주려고 온 줄로 아느냐 내가 너
희에게 이르노니 아니라 도리어
분쟁하게 하려 함이로라 52 이
후부터 한 집에 다섯 사람이 있
어 분쟁하되 셋이 둘과, 둘이 셋
과 하리니 53 아버지가 아들과,
아들이 아버지와, 어머니가 딸
과, 딸이 어머니와, 시어머니가
며느리와, 며느리가 시어머니와
분쟁하리라 하시니라

시대를 분간하고, 화해하기를 힘쓰라

54 또 무리에게 이르시되

너희가 구름이 서쪽에서 이는 것
을 보면 곧 말하기를 소나기가
오리라 하나니 과연 그러하고
55 남풍이 부는 것을 보면 말하
기를 심히 더우리라 하나니 과연
그러하니라 56 외식하는 자여
너희가 천지의 기상은 분간할 줄
알면서 어찌 이 시대는 분간하지
못하느냐 57 또 어찌하여 옳은
것을 스스로 판단하지 아니하느
냐 58 네가 너를 고발하는 자와
함께 법관에게 갈 때에 길에서
화해하기를 힘쓰라 그가 너를 재
판장에게 끌어 가고 재판장이 너
를 옥졸에게 넘겨 주어 옥졸이
옥에 가둘까 염려하라 59 네게
이르노니 한 푼이라도 남김이 없
이 갚지 아니하고서는 결코 거기
서 나오지 못하리라 하시니라

12:50 나는 받을 세례가 있으니 이것은 그분이 곧 당하게 될 고난을 가리키는 말씀이다.

13장

회개하지 아니하면 망하리라

1 그 때 마침 두어 사람이 와
서 빌라도•가 어떤 갈릴리
사람들의 피를 그들의 제물
에 섞은 일로 예수께 아뢰니
2 대답하여 이르시되

너희는 이 갈릴리 사람들이 이같이
해 받으므로 다른 모든 갈릴리 사람
보다 죄가 더 있는 줄 아느냐

3 너희에게 이르노니 아니라 너희
도 만일 회개하지 아니하면 다 이
와 같이 망하리라 4 또 실로암에
서 망대가 무너져 치어 죽은 열여
덟 사람이 예루살렘에 거한 다른
모든 사람보다 죄가 더 있는 줄 아
느냐 5 너희에게 이르노니 아니
라 너희도 만일 회개하지 아니하
면 다 이와 같이 망하리라

열매 맺지 못하는 무화과나무 비유

6 이에 비유로 말씀하시되

한 사람이 포도원에 무화과나무
를 심은 것이 있더니 와서 그 열
매를 구하였으나 얻지 못한지라
7 포도원지기에게 이르되

내가 삼 년을 와서 이 무화과나
무에서 열매를 구하되 얻지 못
하니 찍어버리라 어찌 땅만 버
리게 하겠느냐

8 대답하여 이르되

주인이여 금년에도 그대로 두
소서 내가 두루 파고 거름을 주
리니 9 이 후에 만일 열매가 열
면 좋거니와 그렇지 않으면 찍
어버리소서 하였다 하시니라

안식일에 꼬부라진 여자를 고치시다

10 예수께서 안식일에 한
회당에서 가르치실 때에

11 열여덟 해
동안이나 귀
신 들려 앓으
며 꼬부라져
조금도 펴지
못하는 한 여
자가 있더라

13:1 **빌라도** 본디오 빌라도는 주후 26년부터 36년까지 유대를 다스린 로마 총독이었다.

12 예수께서 보시고 불러 이르시되
여자여 네가 네 병에서 놓였다 하시고
13 안수하시니 여자가 곧 펴고 하나님께 영광을 돌리는지라

14 회당장이 예수께서 안식일에 병 고치시는 것을 분내어 무리에게 이르되
일할 날이 엿새가 있으니 그 동안에 와서 고침을 받을 것이요 안식일에는 하지 말 것이니라 하거늘

15 주께서 대답하여 이르시되
외식하는 자들아 너희가 각각 안식일에 자기의 소나 나귀를 외양간에서 풀어내어 이끌고 가서 물을 먹이지 아니하느냐 16 그러면 열여덟 해 동안 사탄에게 매인 바 된 이 아브라함의 딸을 안식일에 이 매임에서 푸는 것이 합당하지 아니하냐

17 예수께서 이 말씀을 하시매 모든 반대하는 자들은 부끄러워하고 온 무리는 그가 하시는 모든 영광스러운 일을 기뻐하니라

겨자씨와 누룩 비유

18 그러므로 예수께서 이르시되

하나님의 나라가 무엇과 같을까
내가 무엇으로 비교할까 19 마
치 사람이 자기 채소밭에 갖다
심은 겨자씨* 한 알 같으니 자라

나무가 되어 공중의 새들이 그
가지에 깃들였느니라

20 또 이르시되

내가 하나님의 나라를 무엇으로
비교할까 21 마치 여자가 가루 서
말 속에 갖다 넣어 전부 부풀게 한
누룩과 같으니라 하셨더라

좁은 문으로 들어가기를 힘쓰라

22 예수께서 각
성 각 마을로 다
니사 가르치시
며 예루살렘으
로 여행하시더
니 23 어떤 사람
이 여짜오되

주여 구원을 받는 자
가 적으니이까

그들에게 이르시되

24 좁은 문으로 들
어가기를 힘쓰라
내가 너희에게 이
르노니 들어가기
를 구하여도 못하
는 자가 많으리라

25 집 주인이 일어나 문을 한 번 닫은
후에 너희가 밖에 서서 문을 두드리며

주여 열어 주소서 하면

그가 대답하여 이르되

나는 너희가 어디에서 온 자인지
알지 못하노라 하리니

13:19 겨자씨 겨자씨는 매우 작지만 나무가 다 자라면 사람의 키보다 커진다.

선지자들을 죽이는 예루살렘아

13:35 주의 이름으로 … 찬송하리로다 시 118:26 인용

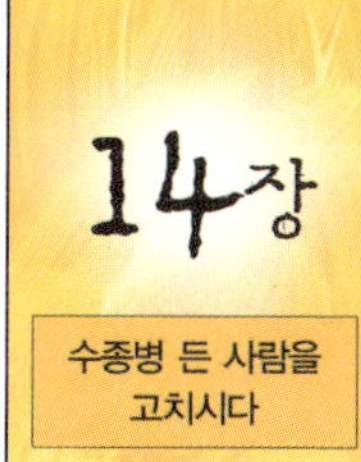

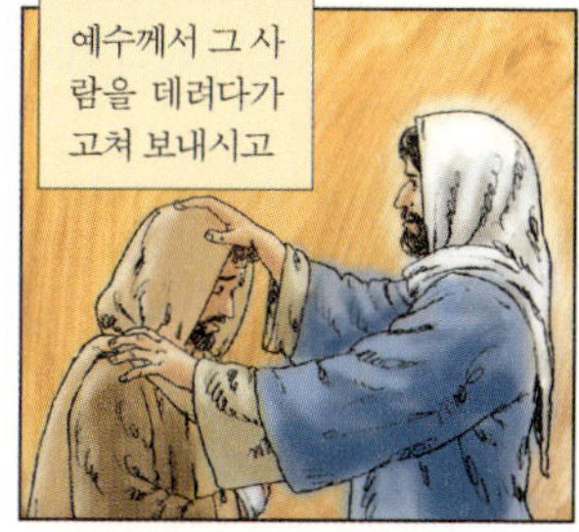

14:2 **수종병** 몸이 자꾸 붓는 병
14:5 **아들** 일부 헬라어 사본들에는 이것이 '나귀'로 되어 있다.

누가복음 14:12-21

12 또 자기를 청한 자에게 이르시되

네가 점심이나 저녁이나 베풀거든 벗이나 형
제나 친척이나 부한 이웃을 청하지 말라 두렵
건대 그 사람들이 너를 도로 청하여 네게 갚음
이 될까 하노라 13 잔치를 베풀거든 차라리 가
난한 자들과 몸 불편한 자들과 저는 자들과 맹
인들을 청하라 14 그리하면 그들이 갚을 것이
없으므로 네게 복이 되리니 이는 의인들의 부
활시에 네가 갚음을 받겠음이라 하시더라

큰 잔치 비유

15 함께 먹는 사람 중의 하나가
이 말을 듣고 이르되

무릇 하나님의 나라에서 떡을
먹는 자는 복되도다 하니

16 이르시되

어떤 사람이 큰 잔치를 베풀고
많은 사람을 청하였더니 17 잔
치할 시각에 그 청하였던 자들
에게 종을 보내어 이르되

오소서 모든 것이 준비
되었나이다 하매

18 다 일치하게 사양하여 한 사
람은 이르되

나는 밭을 샀으매 아무래도 나
가 보아야 하겠으니 청컨대 나
를 양해하도록 하라 하고

19 또 한 사람은 이르되

나는 소 다섯 겨리를 샀으매
시험하러 가니 청컨대 나를 양
해하도록 하라 하고

20 또 한 사람은 이르되

나는 장가 들었으니
그러므로 가지 못하
겠노라 하는지라

21 종이 돌아와 주인에게 그대
로 고하니 이에 집 주인이 노하
여 그 종에게 이르되

빨리 시내의 거리와 골목으로
나가서 가난한 자들과 몸 불편
한 자들과 맹인들과 저는 자들
을 데려오라 하니라

제자가 되는 길

26 무릇 내게 오는 자가
자기 부모와 처자와 형제
와 자매와 더욱이 자기
목숨까지 미워하지 아니
하면 능히 내 제자가 되
지 못하고 27 누구든지
자기 십자가를 지고 나를
따르지 않는 자도 능히
내 제자가 되지 못하리라

28 너희 중의 누가 망대를 세우
고자 할진대 자기의 가진 것이
준공하기까지에 족할는지 먼저
앉아 그 비용을 계산하지 아니하
겠느냐 29 그렇게 아니하여 그
기초만 쌓고 능히 이루지 못하면
보는 자가 다 비웃어

30 이르되 이 사람이 공사를 시
작하고 능히 이루지 못하였다 하
리라 31 또 어떤 임금이 다른 임
금과 싸우러 갈 때에 먼저 앉아
일만 명으로써 저 이만 명을 거
느리고 오는 자를 대적할 수 있
을까 헤아리지 아니하겠느냐

15장

잃은 양을 찾은 목자 비유

1 모든 세리와 죄인들이 말씀을 들으러 가까이 나아
오니 2 바리새인과 서기관들이 수군거려 이르되

3 예수께서 그들에게 이 비
유로 이르시되

4 너희 중에 어떤 사람이 양 백
마리가 있는데 그 중의 하나를
잃으면 아흔아홉 마리를 들에 두

고 그 잃은 것을 찾아내기까지
찾아다니지 아니하겠느냐 5 또

찾아낸즉 즐거워 어깨에 메고

6 집에 와서 그 벗과 이웃을 불러
모으고 말하되

7 내가 너희에게 이르노니 이와
같이 죄인 한 사람이 회개하면
하늘에서는 회개할 것 없는 의인
아흔아홉으로 말미암아 기뻐하
는 것보다 더하리라

잃은 드라크마를 찾은 여인 비유

8 어떤 여자가 열 드라크마•가
있는데 하나를 잃으면 등불을 켜
고 집을 쓸며 찾아내기까지 부지

런히 찾지 아니하겠느냐 9 또 찾
아낸즉 벗과 이웃을 불러 모으고

말하되

나와 함께 즐기자 잃은 드라
크마를 찾아내었노라 하리라

10 내가 너희에게 이르노니 이와 같
이 죄인 한 사람이 회개하면 하나
님의 사자들 앞에 기쁨이 되느니라

잃은 아들을 되찾은 아버지 비유

11 또 이르시되

어떤 사람에게 두 아들이 있는데

12 그 둘째가 아버지에게 말하되

아버지여 재산 중에서 내게
돌아올 분깃을 내게 주소서
하는지라

아버지가 그 살림을 각각 나눠
주었더니 13 그 후 며칠이 안 되
어 둘째 아들이 재물을 다 모아
가지고 먼 나라에 가 거기서 허

랑방탕하여 그 재산을 낭비하더
니 14 다 없앤 후 그 나라에 크게

흉년이 들어 그가 비로소 궁핍한
지라 15 가서 그 나라 백성 중 한
사람에게 붙여 사니 그가 그를
들로 보내어 돼지를 치게 하였는

데 16 그가 돼지 먹는 쥐엄 열매
로 배를 채우고자 하되 주는 자
가 없는지라 17 이에 스스로 돌
이켜 이르되

내 아버지에게는 양식이 풍
족한 품꾼이 얼마나 많은가
나는 여기서 주려 죽는구나

18 내가 일어나 아버지께 가
서 이르기를 아버지 내가 하
늘과 아버지께 죄를 지었사오
니 19 지금부터는 아버지의
아들이라 일컬음을 감당하지
못하겠나이다 나를 품꾼의 하
나로 보소서 하리라 하고

15:8 **드라크마** 헬라의 은화. 신약시대에 드라크마는 로마의 은화 한 데나리온, 곧 품꾼의 하루 품삯과 동등했다.

20 이에 일어나서 아버지께로 돌
아가니라 아직도 거리가 먼데 아

버지가 그를 보고 측은히 여겨
달려가 목을 안고 입을 맞추니

21 아들이 이르되

아버지 내가 하늘과 아버지께
죄를 지었사오니 지금부터는
아버지의 아들이라 일컬음을
감당하지 못하겠나이다 하나

22 아버지는 종들에게 이르되

제일 좋은 옷을 내어다가 입히
고 손에 가락지를 끼우고 발에
신을 신기라

23 그리고 살진 송아지를 끌어
다가 잡으라 우리가 먹고 즐기
자 24 이 내 아들은 죽었다가
다시 살아났으며 내가 잃었다
가 다시 얻었노라 하니

그들이 즐거워하더라

25 맏아들은 밭에 있다가 돌아와
집에 가까이 왔을 때에 풍악과
춤추는 소리를 듣고 26 한 종을
불러 이 무슨 일인가 물은대

27 대답하되

당신의 동생이 돌아왔으매 당
신의 아버지가 건강한 그를
다시 맞아들이게 됨으로 인하
여 살진 송아지를 잡았나이다
하니

28 그가 노하여 들어가고자 하지
아니하거늘 아버지가 나와서 권한
대 29 아버지께 대답하여 이르되

내가 여러 해 아버지를 섬겨
명을 어김이 없거늘 내게는 염
소 새끼라도 주어 나와 내 벗
으로 즐기게 하신 일이 없더니
30 아버지의 살림을 창녀들과
함께 삼켜 버린 이 아들이 돌
아오매 이를 위하여 살진 송아
지를 잡으셨나이다

31 아버지가 이르되

얘 너는 항상 나와 함께 있으
니 내 것이 다 네 것이로되 32
이 네 동생은 죽었다가 살아났
으며 내가 잃었다가 얻었기로
우리가 즐거워하고 기뻐하는
것이 마땅하다 하니라

16장

옳지 않은 청지기 비유

1 또한 제자들에게 이르시되

어떤 부자에게 청지기가 있는데 그가 주인의 소유를 낭비한다는 말이 그 주인에게 들린지라 2 주인이 그를 불러 이르되

내가 네게 대하여 들은 이 말이 어찌 됨이냐 네가 보던 일을 셈하라 청지기 직무를 계속하지 못하리라 하니

3 청지기가 속으로 이르되

주인이 내 직분을 빼앗으니 내가 무엇을 할까 땅을 파자니 힘이 없고 빌어 먹자니 부끄럽구나 4 내가 할 일을 알았도다 이렇게 하면 직분을 빼앗긴 후에 사람들이 나를 자기 집으로 영접하리라 하고

5 주인에게 빚진 자를 일일이 불러다가 먼저 온 자에게 이르되

네가 내 주인에게 얼마나 빚졌느냐

6 말하되

기름 백 말이니이다

이르되

여기 네 증서를 가지고 빨리 앉아 오십이라 쓰라 하고

7 또 다른 이에게 이르되

너는 얼마나 빚졌느냐

이르되

밀 백 석이니이다

이르되

여기 네 증서를 가지고 팔십이라 쓰라 하였는지라

8 주인이 이 옳지 않은 청지기가 일을 지혜 있게 하였으므로 칭찬하였으니 이 세대의 아들들이 자기 시대에 있어서는 빛의 아들들보다 더 지혜로움이니라 9 내가

너희에게 말하노니 불의의 재물로 친구를 사귀라 그리하면 그 재물이 없어질 때에 그들이 너희를 영주할 처소로 영접하리라

16:16 **요한** 그리스도께서 오실 것을 사람들에게 미리 선포한 세례 요한(마 3장 ; 눅 3장 참조).

부자와 거지

19 한 부자가 있어 자색 옷과 고
운 베옷을 입고 날마다 호화롭게
즐기더라 20 그런데 나사로라 이
름하는 한 거지가 헌데 투성이로
그의 대문 앞에 버려진 채 21 그
부자의 상에서 떨어지는 것으로
배불리려 하매 심지어 개들이 와

서 그 헌데를 핥더라 22 이에 그
거지가 죽어 천사들에게 받들려
아브라함의 품에 들어가고 부자

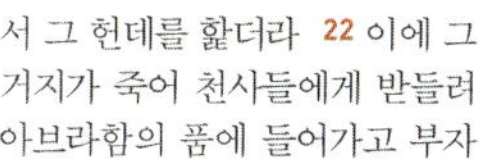

도 죽어 장사되매 23 그가 음부

에서 고통중에 눈을 들어 멀리
아브라함과 그의 품에 있는 나사
로를 보고 24 불러 이르되

아버지 아브라함이여 나를 긍
휼히 여기사 나사로를 보내어
그 손가락 끝에 물을 찍어 내 혀
를 서늘하게 하소서 내가 이 불
꽃 가운데서 괴로워하나이다

25 아브라함이 이르되

얘 너는 살았을 때에 좋은 것
을 받았고 나사로는 고난을 받
았으니 이것을 기억하라 이제
그는 여기서 위로를 받고 너는
괴로움을 받느니라

26 그뿐 아니라 너희와 우리 사
이에 큰 구렁텅이가 놓여 있어
여기서 너희에게 건너가고자 하
되 갈 수 없고 거기서 우리에게
건너올 수도 없게 하였느니라

27 이르되

그러면 아버지여 구하노니 나
사로를 내 아버지의 집에 보내
소서 28 내 형제 다섯이 있으
니 그들에게 증언하게 하여 그
들로 이 고통 받는 곳에 오지
않게 하소서

29 아브라함이 이르되

그들에게 모세와 선지자들이
있으니 그들에게 들을지니라

30 이르되
그렇지 아니하니이다 아버지
아브라함이여 만일 죽은 자에
게서 그들에게 가는 자가 있으
면 회개하리이다

31 이르되
모세와 선지자들에게 듣지 아니하면 비록 죽
은 자 가운데서 살아나는 자가 있을지라도
권함을 받지 아니하리라 하였다 하시니라

17장

용서, 믿음, 종이 할 일

1 예수께서 제자들에게 이르시되
실족하게 하는 것이 없을 수
는 없으나 그렇게 하게 하는
자에게는 화로다 2 그가 이
작은 자 중의 하나를 실족하
게 할진대 차라리 연자맷돌
이 그 목에 매여 바다에 던
져지는 것이 나으리라 3 너
희는 스스로 조심하라

만일 네 형제가 죄를 범하거
든 경고하고 회개하거든 용
서하라 4 만일 하루에 일곱
번이라도 네게 죄를 짓고 일
곱 번 네게 돌아와 내가 회
개하노라 하거든 너는 용서
하라 하시더라

5 사도들이 주께 여짜오되
우리에게 믿음을 더하소서 하니

6 주께서 이르시되
너희에게 겨자씨 한 알만한 믿음이
있었더라면 이 뽕나무더러 뿌리가
뽑혀 바다에 심기어라 하였을 것이
요 그것이 너희에게 순종하였으리
라 7 너희 중 누구에게 밭을 갈거
나 양을 치거나 하는 종이 있어 밭
에서 돌아오면 그더러 곧 와 앉아
서 먹으라 말할 자가 있느냐

8 도리어 그더러 내 먹을 것을 준비하
고 띠를 띠고 내가 먹고 마시는 동안에
수종들고 너는 그 후에 먹고 마시라 하
지 않겠느냐 9 명한 대로 하였다고 종
에게 감사하겠느냐 10 이와 같이 너희
도 명령 받은 것을 다 행한 후에 이르
기를 우리는 무익한 종이라 우리가 하
여야 할 일을 한 것뿐이라 할지니라

나병환자 열 명이 깨끗함을 받다

11 예수께서 예루살렘으
로 가실 때에 사마리아와
갈릴리 사이로 지나가시
다가 12 한 마을에 들어
가시니 나병환자 열 명이
예수를 만나 멀리 서서
13 소리를 높여 이르되

14 보시고 이르시되

그들이 가다가 깨끗함을 받은지라

15 그 중의 한 사람이
자기가 나은 것을 보
고 큰 소리로 하나님
께 영광을 돌리며 돌
아와 16 예수의 발
아래에 엎드리어 감
사하니 그는 사마리
아 사람이라

17 예수께서 대답하여 이르시되

열 사람이 다 깨끗함을 받지 아니하
였느냐 그 아홉은 어디 있느냐 18
이 이방인 외에는 하나님께 영광을
돌리러 돌아온 자가 없느냐 하시고

19 그에게 이르시되

일어나 가라 네 믿음이 너를
구원하였느니라 하시더라

하나님의 나라는 너희 안에 있다

20 바리새인들이

하나님의 나라가 어느 때에 임하나이까

묻거늘 예수께서 대답하여 이르시되

하나님의 나라는 볼 수 있게 임하는 것이 아
니요 21 또 여기 있다 저기 있다고도 못하
리니 하나님의 나라는 너희 안에 있느니라

22 또 제자들에게 이르시되
때가 이르리니 너희가 인자의 날
하루를 보고자 하되 보지 못하리
라 23 사람이 너희에게 말하되
보라 저기 있다 보라 여기 있다
하리라 그러나 너희는 가지도 말
고 따르지도 말라 24 번개가 하
늘 아래 이쪽에서 번쩍이어 하늘
아래 저쪽까지 비침같이 인자도
자기 날에 그러하리라 25 그러나
그가 먼저 많은 고난을 받으며
이 세대에게 버린 바 되어야 할
지니라 26 노아의 때에 된 것과
같이 인자의 때에도 그러하리라
27 노아가 방주에 들어가던 날까
지 사람들이 먹고 마시고 장가
들고 시집 가더니 홍수가 나서
그들을 다 멸망시켰으며 28 또
롯의 때와 같으리니 사람들이 먹
고 마시고 사고 팔고 심고 집을
짓더니 29 롯이 소돔에서 나가
던 날에 하늘로부터 불과 유황이
비오듯 하여 그들을 멸망시켰느
니라 30 인자가 나타나는 날에
도 이러하리라 31 그 날에 만일
사람이 지붕 위에 있고 그의 세간
이 그 집 안에 있으면 그것을 가
지러 내려가지 말 것이요 밭에 있
는 자도 그와 같이 뒤로 돌이키지
말 것이니라 32 롯의 처•를 기억
하라 33 무릇 자기 목숨을 보전
하고자 하는 자는 잃을 것이요 잃
는 자는 살리리라 34 내가 너희
에게 이르노니 그 밤에 둘이 한
자리에 누워 있으매 하나는 데려
감을 얻고 하나는 버려둠을 당할
것이요 35 두 여자가 함께 맷돌
을 갈고 있으매 하나는 데려감을
얻고 하나는 버려둠을 당할 것이
니라 36 (없음)•

37 그들이 대답하여 이르되

이르시되

17:32 **롯의 처** 롯의 처에게 일어난 일에 대한 기록은 창세기 19장 15-17,26절에 나온다.
17:36 일부 헬라어 사본들에는 "두 사람이 밭에 있으매 하나는 데려감을 당하고 하나는 버려둠을 당할 것이요"라고 기록되어 있다.

1 예수께서 그들에게 항상 기도하고 낙심하지 말아야 할 것을 비유로 말씀하여

2 이르시되 어떤 도시에 하나님을 두려워하지 않고 사람을 무시하는 한 재판장이 있는데 3 그 도시에 한 과부가 있어 자주 그에게 가서

내 원수에 대한 나의 원한을 풀어 주소서 하되

4 그가 얼마 동안 듣지 아니하다가 후에 속으로 생각하되

내가 하나님을 두려워하지 않고 사람을 무시하나 5 이 과부가 나를 번거롭게 하니 내가 그 원한을 풀어 주리라 그렇지 않으면 늘 와서 나를 괴롭게 하리라 하였느니라

6 주께서 또 이르시되

불의한 재판장이 말한 것을 들으라 7 하물며 하나님께서 그 밤낮 부르짖는 택하신 자들의 원한을 풀어 주지 아니하시겠느냐 그들에게 오래 참으시겠느냐 8 내가 너희에게 이르노니 속히 그 원한을 풀어 주시리라 그러나 인자가 올 때에 세상에서 믿음을 보겠느냐 하시니라

바리새인과 세리 비유

9 또 자기를 의롭다고 믿고 다른 사람을 멸시하는 자들에게 이 비유로 말씀하시되

10 두 사람이 기도하러 성전에 올라가니 하나는 바리새인이요 하나는 세리라 11 바리새인은 서

서 따로 기도하여 이르되

하나님이여 나는 다른 사람들 곧 토색, 불의, 간음을 하는 자들과 같지 아니하고 이 세리와도 같지 아니함을 감사하나이다 12 나는 이레에 두 번씩 금식하고 또 소득의 십일조를 드리나이다 하고

13 세리는 멀리 서서 감히 눈을 들어 하늘을 쳐다보지도 못하고 다만 가슴을 치며 이르되

하나님이여 불쌍히 여기소서 나는 죄인이로소이다 하였느니라

14 내가 너희에게 이르노니 이에 저 바리새인이 아니고 이 사람이 의롭다 하심을 받고 그의 집으로 내려갔느니라 무릇 자기를 높이는 자는 낮아지고 자기를 낮추는 자는 높아지리라 하시니라

어린 아이들을 금하지 말라

하나님의 나라가 이런 자의 것
이니라 17 내가 진실로 너희에
게 이르노니 누구든지 하나님의
나라를 어린 아이와 같이 받아
들이지 않는 자는 결단코 거기
들어가지 못하리라 하시니라

부자 관리

18:20 **간음하지 말라 … 공경하라** 출 20:12-16 또는 신 5:16-20 인용

누가복음 18:29－38

29 이르시되

내가 진실로 너희에게 이르노니 하나님의 나라를 위하여 집이나 아내나 형제나 부모나 자녀를 버린 자는 30 현세에 여러 배를 받고 내세에 영생을 받지 못할 자가 없느니라 하시니라

죽음과 부활을 다시 이르시다

31 예수께서 열두 제자를 데리시고 이르시되

보라 우리가 예루살렘으로 올라가노니 선지자들을 통하여 기록된 모든 것이 인자에게 응하리라 32 인자가 이방인들에게 넘겨져 희롱을 당하고 능욕을 당하고 침 뱉음을 당하겠으며 33 그들은 채찍질하고 그를 죽일 것이나 그는 삼 일 만에 살아나리라 하시되

34 제자들이 이것을 하나도 깨닫지 못하였으니 그 말씀이 감춰었으므로 그들이 그 이르신 바를 알지 못하였더라

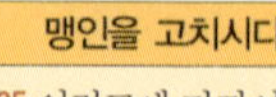

맹인을 고치시다

35 여리고에 가까이 가셨을 때에 한 맹인이 길 가에 앉아 구걸하다가 36 무리가 지나감을 듣고

이 무슨 일이냐고 물은대 37 그들이 나사렛 예수께서 지나가신다 하니

38 맹인이 외쳐 이르되

다윗의 자손 예수여 나를 불쌍히 여기소서 하거늘

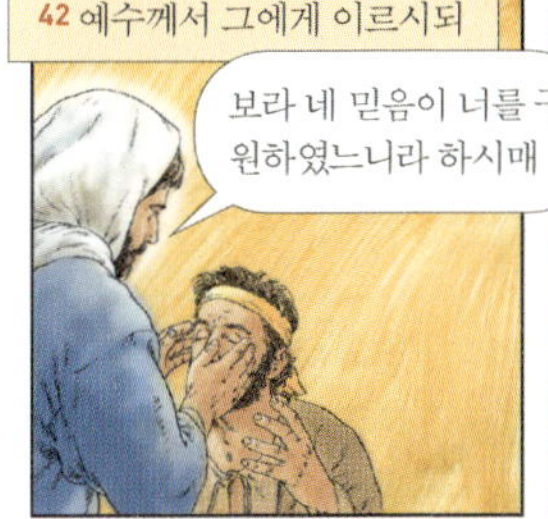

하나님께 영광을 돌리며 예수를 따르니 백성이 다 이를 보고 하나님을 찬양하니라

19장

예수와 삭개오

1 예수께서 여리고로 들어가
지나가시더라 2 삭개오라 이
름하는 자가 있으니 세리장이
요 또한 부자라 3 그가 예수께
서 어떠한 사람인가 하여 보고
자 하되 키가 작고 사람이 많
아 할 수 없어 4 앞으로 달려
가서 보기 위하여 돌무화과나
무에 올라가니 이는 예수께서
그리로 지나가시게 됨이러라
5 예수께서 그 곳에 이르사 쳐
다 보시고 이르시되

19:13 **므나** 고대 그리스의 화폐 단위. 한 므나는 석 달 품삯을 줄 수 있는 금액이었다.

16 그 첫째가 나아와 이르되

주인이여 당신의 한 므나로
열 므나를 남겼나이다

17 주인이 이르되

잘하였다 착한 종이여 네가 지
극히 작은 것에 충성하였으니
열 고을 권세를 차지하라 하고

18 그 둘째가 와서 이르되

주인이여 당신의 한 므나로
다섯 므나를 만들었나이다

19 주인이 그에게도 이르되

너도 다섯 고을을 차지하라 하고

20 또 한 사람이 와서 이르되

주인이여 보소서 당신의 한
므나가 여기 있나이다 내가
수건으로 싸 두었었나이다 21
이는 당신이 엄한 사람인 것
을 내가 무서워함이라 당신은
두지 않은 것을 취하고 심지
않은 것을 거두나이다

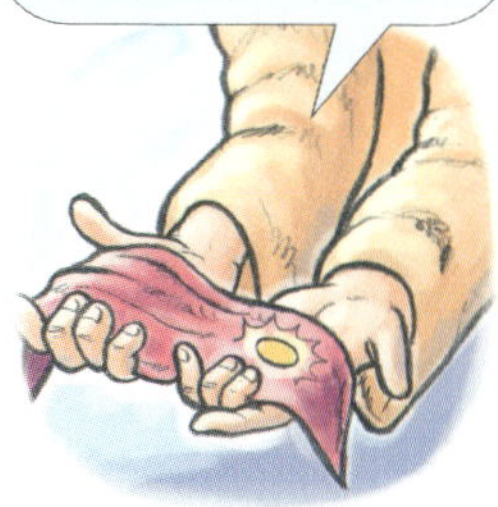

22 주인이 이르되

악한 종아 내가 네 말로 너를
심판하노니 너는 내가 두지
않은 것을 취하고 심지 않은
것을 거두는 엄한 사람인 줄
로 알았느냐 23 그러면 어찌
하여 내 돈을 은행에 맡기지
아니하였느냐 그리하였으면
내가 와서 그 이자와 함께 그
돈을 찾았으리라 하고

24 곁에 섰는 자들에게 이르되

그 한 므나를 빼앗아 열 므나
있는 자에게 주라 하니

25 그들이 이르되

주여 그에게 이미 열
므나가 있나이다

26 주인이 이르되

내가 너희에게 말하노니 무릇
있는 자는 받겠고 없는 자는
그 있는 것도 빼앗기리라 27
그리고 내가 왕 됨을 원하지
아니하던 저 원수들을 이리로
끌어다가 내 앞에서 죽이라
하였느니라

예루살렘을 향하여 가시다

28 예수께서 이 말씀을 하시
고 예루살렘을 향하여 앞서서
가시더라 29 감람원이라 불
리는 산쪽에 있는 벳바게와
베다니에 가까이 가셨을 때에

제자 중 둘을 보내시며 30 이르시되

너희는 맞은편 마을로 가라
그리로 들어가면 아직 아무
도 타 보지 않은 나귀 새끼
가 매여 있는 것을 보리니
풀어 끌고 오라 31 만일 누
가 너희에게 어찌하여 푸
느냐 묻거든 말하기를 주
가 쓰시겠다 하라 하시매

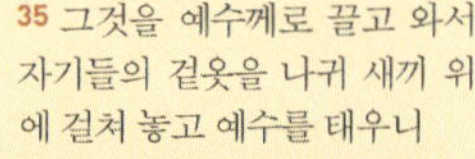

37 이미 감람 산 내리막길에 가
까이 오시매 제자의 온 무리가
자기들이 본 바 모든 능한 일
로 인하여 기뻐하며 큰 소리로
하나님을 찬양하여 38 이르되

찬송하리로다 주의 이름으
로 오시는 왕이여 하늘에는
평화요 가장 높은 곳에는 영
광이로다 하니 시 118:26

39 무리 중 어떤 바리
새인들이 말하되

선생이여 당신의 제자들을
책망하소서 하거늘

40 대답하여 이르시되

내가 너희에게 말하노니 만일
이 사람들이 침묵하면 돌들이
소리 지르리라 하시니라

너도 오늘 평화에 관한 일을 알
았더라면 좋을 뻔하였거니와 지
금 네 눈에 숨겨졌도다 43 날이
이를지라 네 원수들이 토둔을 쌓
고 너를 둘러 사면으로 가두고
44 또 너와 및 그 가운데 있는 네
자식들을 땅에 메어치며 돌 하나
도 돌 위에 남기지 아니하리니
이는 네가 보살핌 받는 날을 알
지 못함을 인함이니라 하시니라

성전에 들어가신 예수

45 성전에 들어가사 장사
하는 자들을 내좇으시며
46 그들에게 이르시되

47 예수께서 날마다 성
전에서 가르치시니 대제
사장들과 서기관들과 백
성의 지도자들이 그를
죽이려고 꾀하되 48 백
성이 다 그에게 귀를 기
울여 들으므로 어찌할
방도를 찾지 못하였더라

20장

예수의 권위를 두고 말하다

1 하루는 예수께서 성전
에서 백성을 가르치시며
복음을 전하실새 대제사
장들과 서기관들이 장로
들과 함께 가까이 와서
2 말하여 이르되

당신이 무슨 권위로 이런 일을 하는지 이 권위를 준 이가 누구인지 우리에게 말하라

3 대답하여 이르시되

나도 한 말을 너
희에게 물으리
니 내게 말하라
4 요한의 세례가
하늘로부터냐
사람으로부터냐

19:46 **내 집은 기도하는 집이 되리라** 사 56:7 인용
19:46 **강도의 소굴** 렘 7:11 인용

5 그들이 서로 의논하여 이르되

8 예수께서 이르시되

포도원 농부 비유

9 그가 또 이 비유로 백성에게 말씀하시기 시작하시니라

한 사람이 포도원을 만들어 농부
들에게 세로 주고 타국에 가서
오래 있다가 10 때가 이르매 포

도원 소출 얼마를 바치게 하려고
한 종을 농부들에게 보내니 농부

들이 종을 몹시 때리고 거저 보
내었거늘 11 다시 다른 종을 보

내니 그도 몹시 때리고 능욕하고
거저 보내었거늘 12 다시 세 번

째 종을 보내니 이 종도 상하게
하고 내쫓은지라 13 포도원 주

인이 이르되

14 농부들이 그를 보고 서로 의
논하여 이르되

15 포도원 밖에 내쫓아 죽였느니
라 그런즉 포도원 주인이 이 사
람들을 어떻게 하겠느냐

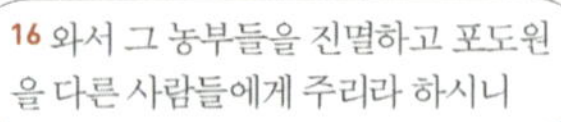
16 와서 그 농부들을 진멸하고 포도원
을 다른 사람들에게 주리라 하시니
사람들이 듣고
이르되
그렇게 되지 말아
지이다 하거늘

17 그들을 보시
며 이르시되
그러면 기록된 바
건축자들의 버린 돌이 모퉁
이의 머릿돌이 되었느니라
함이 어찜이냐 시 118:22

18 무릇 이 돌 위에 떨어지는 자는 깨어
지겠고 이 돌이 사람 위에 떨어지면 그
를 가루로 만들어 흩으리라 하시니라
가이사에게 세를 바치는 것
19 서기관들과 대제사장들이 예수
의 이 비유는 자기들을 가리켜 말씀
하심인 줄 알고 즉시 잡고자 하되 백
성을 두려워하더라 20 이에 그들이
엿보다가 예수를 총독의 다스림과
권세 아래에 넘기려 하여 정탐들을
보내어 그들로 스스로 의인인 체하
며 예수의 말을 책잡게 하니

21 그들이 물어 이르되
선생님이여 우리가 아노니 당신
은 바로 말씀하시고 가르치시며
사람을 외모로 취하지 아니하시
고 오직 진리로써 하나님의 도를
가르치시나이다 22 우리가 가이
사에게 세를 바치는 것이 옳으니
이까 옳지 않으니이까 하니
23 예수께서 그 간계를 아시고 이르시되
24 데나리온 하나를 내게 보이라
누구의 형상과 글이 여기 있느냐

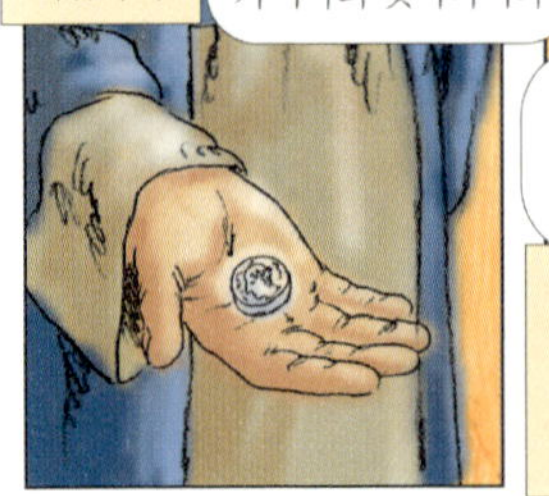
대답하되
가이사의 것이니이다

25 이르시되
그런즉 가이사의 것은 가
이사에게, 하나님의 것은
하나님께 바치라 하시니
26 그들이 백성 앞에서 그
의 말을 능히 책잡지 못하
고 그의 대답을 놀랍게 여
겨 침묵하니라

부활 논쟁

27 부활이 없다고 주장하는 사
두개인 중 어떤 이들이 와서

28 물어 이르되 선생님이여 모세
가 우리에게 써 주기를 만일 어떤
사람의 형이 아내를 두고 자식이
없이 죽으면 그 동생이 그 아내를
취하여 형을 위하여 상속자를 세
울지니라 하였나이다 29 그런데
칠 형제가 있었는데 맏이가 아내
를 취하였다가 자식이 없이 죽고
30 그 둘째와 셋째가 그를 취하고
31 일곱이 다 그와 같이 자식이
없이 죽고 32 그 후에 여자도 죽
었나이다 33 일곱이 다 그를 아
내로 취하였으니 부활 때에 그 중
에 누구의 아내가 되리이까

34 예수께서 이르시되

이 세상의 자녀들은 장가도 가
고 시집도 가되 35 저 세상과
및 죽은 자 가운데서 부활함을
얻기에 합당히 여김을 받은 자
들은 장가 가고 시집 가는 일
이 없으며 36 그들은 다시 죽
을 수도 없나니 이는 천사와
동등이요 부활의 자녀로서 하
나님의 자녀임이라 37 죽은 자
가 살아난다는 것은 모세도 가
시나무 떨기•에 관한 글에서
주를 아브라함의 하나님이요
이삭의 하나님이요 야곱의 하
나님이시라• 칭하였나니 38
하나님은 죽은 자의 하나님이
아니요 살아 있는 자의 하나님
이시라 하나님에게는 모든 사
람이 살았느니라 하시니

39 서기관 중 어떤 이들이 말하되

선생님 잘 말씀하셨나이다 하니

40 그들은 아무 것도 감히 더 물
을 수 없음이더라

그리스도와 다윗의 자손

41 예수께서 그들에게 이르시되

사람들이 어찌하여 그리스도를
다윗의 자손이라 하느냐 42 시
편에 다윗이 친히 말하였으되

주께서 내 주께 이르시되 43
내가 네 원수를 네 발등상으
로 삼을 때까지• 내 우편에
앉았으라 하셨도다 하였느
니라 시 110:1

44 그런즉 다윗이 그리스도를
주라 칭하였으니 어찌 그의 자
손이 되겠느냐 하시니라

서기관들을 삼가라

45 모든 백성이 들을 때에 예수
께서 그 제자들에게 이르시되

46 긴 옷을 입고 다니는 것을 원하며

20:37 **가시나무 떨기** 이에 대해 자세히 알려면 구약의 출애굽기 3장 1-12절을 읽어라.
20:37 **아브라함의 … 하나님이시라** 출 3:6 인용
20:43 **내가 네 원수를 네 발등상으로 삼을 때까지** 이것은 직역이다. "내가 네 원수를 네 지배 아래에 둘 때까지"라고 번역될 수도 있다.

21장

가난한 과부의 헌금

성전이 무너뜨려질 것을 이르시다

21:1 헌금함 유대인들의 예배 장소에서 사람들이 하나님께 드리는 헌금을 넣었던 특별한 상자

환난의 징조

10 또 이르시되

민족이 민족을, 나라가 나라를
대적하여 일어나겠고 11 곳곳에
큰 지진과 기근과 전염병이 있겠
고 또 무서운 일과 하늘로부터
큰 징조들이 있으리라 12 이 모
든 일 전에 내 이름으로 말미암
아 너희에게 손을 대어 박해하며
회당과 옥에 넘겨 주며 임금들과
집권자들 앞에 끌어 가려니와
13 이 일이 도리어 너희에게 증
거가 되리라 14 그러므로 너희
는 변명할 것을 미리 궁리하지
않도록 명심하라 15 내가 너희
의 모든 대적이 능히 대항하거나
변박할 수 없는 구변과 지혜를
너희에게 주리라 16 심지어 부
모와 형제와 친척과 벗이 너희를
넘겨 주어 너희 중의 몇을 죽이
게 하겠고 17 또 너희가 내 이름
으로 말미암아 모든 사람에게 미
움을 받을 것이나 18 너희 머리
털 하나도 상하지 아니하리라
19 너희의 인내로 너희 영혼을
얻으리라

예루살렘의 환난과 인자의 오심

20 너희가 예루살렘이 군대들에
게 에워싸이는 것을 보거든 그
멸망이 가까운 줄을 알라 21 그
때에 유대에 있는 자들은 산으로
도망갈 것이며 성내에 있는 자들
은 나갈 것이며 촌에 있는 자들
은 그리로 들어가지 말지어다
22 이 날들은 기록된 모든 것을
이루는 징벌의 날이니라 23 그
날에는 아이 밴 자들과 젖먹이는
자들에게 화가 있으리니 이는 땅
에 큰 환난과 이 백성에게 진노
가 있겠음이로다 24 그들이 칼
날에 죽임을 당하며 모든 이방에
사로잡혀 가겠고 예루살렘은 이
방인의 때가 차기까지 이방인들
에게 밟히리라 25 일월 성신에
는 징조가 있겠고 땅에서는 민족
들이 바다와 파도의 성난 소리로
인하여 혼란한 중에 곤고하리라

26 사람들이 세상에 임할 일을
생각하고 무서워하므로 기절하
리니 이는 하늘의 권능들이 흔들
리겠음이라 27 그 때에 사람들
이 인자가 구름을 타고 능력과
큰 영광으로 오는 것을 보리라
28 이런 일이 되기를 시작하거든
일어나 머리를 들라 너희 속량이
가까웠느니라 하시더라

무화과나무에서 배울 교훈

29 이에 비유로 이르시되
무화과나무와 모든 나무를 보라
30 싹이 나면 너희가 보고 여름
이 가까운 줄을 자연히 아나니
31 이와 같이 너희가 이런 일이
일어나는 것을 보거든 하나님의
나라가 가까이 온 줄을 알라 32
내가 진실로 너희에게 말하노니
이 세대가 지나가기 전에 모든
일이 다 이루어지리라 33 천지
는 없어지겠으나 내 말은 없어지
지 아니하리라

항상 기도하며 깨어 있으라

34 너희는 스스로 조심하라 그렇
지 않으면 방탕함과 술취함과 생
활의 염려로 마음이 둔하여지고
뜻밖에 그 날이 덫과 같이 너희
에게 임하리라 35 이 날은 온 지
구상에 거하는 모든 사람에게 임
하리라 36 이러므로 너희는 장차
올 이 모든 일을 능히 피하고 인
자 앞에 서도록 항상 기도하며
깨어 있으라 하시니라

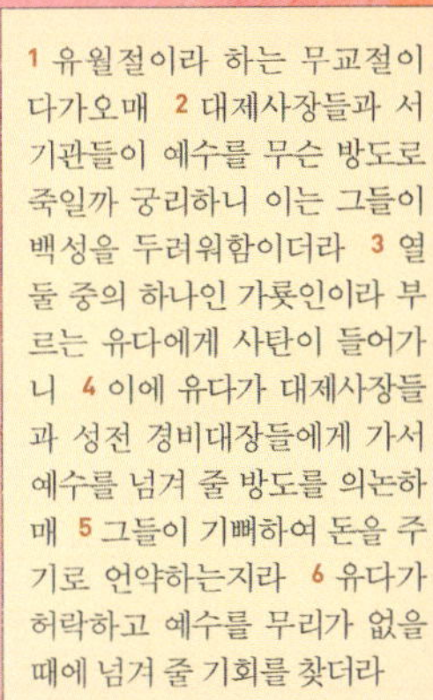
1 유월절이라 하는 무교절이
다가오매 2 대제사장들과 서
기관들이 예수를 무슨 방도로
죽일까 궁리하니 이는 그들이
백성을 두려워함이더라 3 열
둘 중의 하나인 가룟인이라 부
르는 유다에게 사탄이 들어가
니 4 이에 유다가 대제사장들
과 성전 경비대장들에게 가서
예수를 넘겨 줄 방도를 의논하
매 5 그들이 기뻐하여 돈을 주
기로 언약하는지라 6 유다가
허락하고 예수를 무리가 없을
때에 넘겨 줄 기회를 찾더라

유월절을 준비하다

7 유월절 양을 잡을 무교
절날이 이른지라 8 예수
께서 베드로와 요한을
보내시며 이르시되
가서 우리를 위하여 유월절을 준비하여 우리로 먹게 하라
9 여짜오되
어디서 준비하기를 원하시나이까

10 이르시되
보라 너희가 성내로 들
어가면 물 한 동이를 가지고 가는 사람
을 만나리니 그가 들어가는 집으로 따
라 들어가서 11 그 집 주인에게 이르되
선생님이 네게 하는 말씀이 내가 내 제
자들과 함께 유월절을 먹을 객실이 어
디 있느냐 하시더라 하라 12 그리하면
그가 자리를 마련한 큰 다락방을 보이
리니 거기서 준비하라 하시니

13 그들이 나가 그 하신 말씀대로
만나 유월절을 준비하니라

22:18 **포도나무에서 난 것** 포도나무의 열매. 이것은 '포도주'로도 번역될 수 있다.
22:19 **떡** 일부 헬라어 사본들에서는 19,20절이 "또 떡을 가져 감사 기도 하시고 떼어 그들에게 주시며 이르시되 이것은 내 몸이라"라고만 되어 있다.

21 그러나 보라 나를 파는
자의 손이 나와 함께 상 위
에 있도다 22 인자는 이미
작정된 대로 가거니와 그
를 파는 그 사람에게는 화
가 있으리로다 하시니

23 그들이 서로 묻되

우리 중에서 이 일을 행할
자가 누구일까 하더라

베드로가 부인할 것을 이르시다

24 또 그들 사이에 그 중 누
가 크냐 하는 다툼이 난지라
25 예수께서 이르시되

이방인의 임금들은 그들을 주관
하며 그 집권자들은 은인이라 칭
함을 받으나 26 너희는 그렇지
않을지니 너희 중에 큰 자는 젊
은 자와 같고 다스리는 자는 섬
기는 자와 같을지니라 27 앉아
서 먹는 자가 크냐 섬기는 자가
크냐 앉아서 먹는 자가 아니냐
그러나 나는 섬기는 자로 너희
중에 있노라 28 너희는 나의 모
든 시험 중에 항상 나와 함께 한
자들인즉 29 내 아버지께서 나
라를 내게 맡기신 것 같이 나도
너희에게 맡겨 30 너희로 내 나
라에 있어 내 상에서 먹고 마시
며 또는 보좌에 앉아 이스라엘
열두 지파를 다스리게 하려 하
노라

31 시몬아, 시몬아, 보라 사탄이 너희를 밀 까부르듯 하려고 요구하였으나 32 그러나 내가 너를 위하여 네 믿음이 떨어지지 않기를 기도하였노니 너는 돌이킨 후에 네 형제를 굳게 하라

34 이르시되

베드로야 내가 네게 말하노니 오늘 닭 울기 전에 네가 세 번 나를 모른다고 부인하리라 하시니라

전대와 배낭과 검

35 그들에게 이르시되

내가 너희를 전대와 배낭과 신발도 없이 보내었을 때에 부족한 것이 있더냐

이르되

없었나이다

36 이르시되

이제는 전대 있는 자는 가질 것이요 배낭도 그리하고 검 없는 자는 겉옷을 팔아 살지어다 37 내가 너희에게 말하노니 기록된 바 그는 불법자의 동류로 여김을 받았다• 한 말이 내게 이루어져야 하리니 내게 관한 일이 이루어져 감이니라

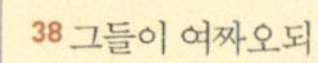

주여 보소서 여기 검 둘이 있나이다

대답하시되

족하다 하시니라

감람 산에서 기도하시다

39 예수께서 나가사 습관을 따라 감람 산에 가시매 제자들도 따라갔더니 40 그 곳에 이르러 그들에게 이르시되

22:37 그는 … 받았다 사 53:12 인용

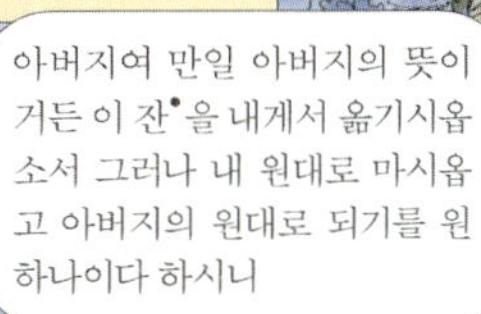

잡히시다

22:42 **잔** 여기에서 잔은 예수님께 닥칠 고난을 상징한다. 마치 매우 쓴 것이 들어 있는 잔을 마시는 것처럼 지극히 고통스럽다는 의미이다.

51 예수께서 일러 이르시되

하시고 그 귀를 만져 낫게 하시더
라 52 예수께서 그 잡으러 온 대
제사장들과 성전의 경비대장들과
장로들에게 이르시되

베드로가 예수를 모른다고 하다

54 예수를 잡
아 끌고 대제
사장의 집으
로 들어갈새
베드로가 멀
찍이 따라가
니라

55 사람들이 뜰
가운데 불을 피
우고 함께 앉았
는지라 베드로
도 그 가운데
앉았더니

56 한 여종이 베드로의 불빛을 향
하여 앉은 것을 보고 주목하여 이
르되

57 베드로가 부인하여 이르되

58 조금 후에 다른 사람이 보고 이르되

베드로가 이르되

59 한 시간쯤 있다가 또 한
사람이 장담하여 이르되

60 베드로가 이르되

아직 말하고
있을 때에 닭
이 곧 울더라
61 주께서 돌
이켜 베드로
를 보시니 베
드로가 주의
말씀 곧

하심이 생각나서

62 밖에 나가서
심히 통곡하니라

예수를 희롱하고 때리다

63 지키는 사람들이 예수를
희롱하고 때리며 64 그의 눈
을 가리고 물어 이르되

65 이 외에도 많은 말로 욕하더라

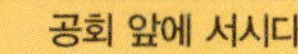

공회 앞에 서시다

66 날이 새매 백성의 장로들 곧 대제사
장들과 서기관들이 모여서 예수를 그 공
회로 끌어들여 67 이르되

대답하시되

70 다 이르되

대답하시되

71 그들이 이르되

23:1 **빌라도** 본디오 빌라도는 주후 26년부터 36년까지 유대를 다스린 로마 총독이었다.

11 헤롯이 그 군인들
과 함께 예수를 업신
여기며 희롱하고 빛
난 옷을 입혀 빌라도
에게 도로 보내니

12 헤롯과 빌라도가 전
에는 원수였으나 당일
에 서로 친구가 되니라

십자가에 못 박히게 예수를 넘기다

23:17 일부 헬라어 사본들에는 "매년 유월절에 빌라도는 죄수 한 사람을 백성에게 놓아주어야 했다"라고 기록되어 있다.

십자가에 못 박히시다

26 그들이 예수를 끌고 갈 때에 시몬이라는 구레
네 사람이 시골에서 오는 것을 붙들어 그에게 십
자가를 지워 예수를 따르게 하더라 27 또 백성과
및 그를 위하여 가슴을 치며 슬피 우는 여자의
큰 무리가 따라오는지라 28 예수께서 돌이켜 그
들을 향하여 이르시되

예루살렘의 딸들아 나를 위하여 울지 말고 너희와 너
희 자녀를 위하여 울라 29 보라 날이 이르면 사람이
말하기를 잉태하지 못하는 이와 해산하지 못한 배와
먹이지 못한 젖이 복이 있다 하리라 30 그 때에 사람
이 산들을 대하여 우리 위에 무너지라 하며 작은 산들
을 대하여 우리를 덮으라 하리라 31 푸른 나무에도 이
같이 하거든 마른 나무에는 어떻게 되리요* 하시니라

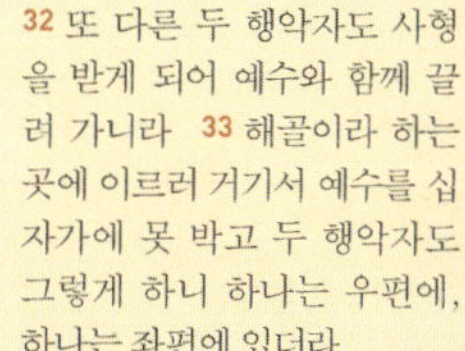

32 또 다른 두 행악자도 사형
을 받게 되어 예수와 함께 끌
려 가니라 33 해골이라 하는
곳에 이르러 거기서 예수를 십
자가에 못 박고 두 행악자도
그렇게 하니 하나는 우편에,
하나는 좌편에 있더라

23:31 **푸른 나무에도 … 어떻게 되리요** 이것은 "좋은 시절인 지금도 사람들이 이와 같이 행하거든 나쁜 시절이 오면 어떻게 되겠느냐"라고 번역될 수도 있다.

23:34 **이에 예수께서 … 알지 못함이니이다 하시더라** 일부 헬라어 사본들에는 이 부분이 나오지 않는다.

23:43 **낙원** 선한 사람들이 죽어서 가는 곳

요셉이 예수의 시체를 무덤에 넣어 두다

50 공회 의원으로 선하고
의로운 요셉이라 하는 사람
이 있으니 51 (그들의 결의
와 행사에 찬성하지 아니한
자라) 그는 유대인의 동네
아리마대 사람이요 하나님
의 나라를 기다리는 자라

52 그가 빌라도에게 가서
예수의 시체를 달라 하여
53 이를 내려 세마포로 싸
고 아직 사람을 장사한 일
이 없는 바위에 판 무덤에
넣어 두니

23:45 **성소의 휘장** 이것은 지성소를 성소의 다른 부분으로부터 분리시킨 휘장이다. 성소는 유대인들이 하나님의 명령에 따라 그분을 경배하는 장소로 사용했던 예루살렘의 특별한 건물이었다.

54 이 날은 준비일이
요 안식일이 거의 되
었더라 55 갈릴리에
서 예수와 함께 온
여자들이 뒤를 따라
그 무덤과 그의 시체
를 어떻게 두었는지
를 보고
56 돌아가 향품과
향유를 준비하더라
살아나시다
계명을 따라 안식
일에 쉬더라

24장

1 안식 후 첫날 새벽에 이 여자들이 그
준비한 향품을 가지고 무덤에 가서

2 돌이 무덤에서 굴려 옮겨진
것을 보고 3 들어가니 주 예수
의 시체가 보이지 아니하더라

4 이로 인하여 근심할
때에 문득 찬란한 옷
을 입은 두 사람이 곁
에 섰는지라 5 여자
들이 두려워 얼굴을
땅에 대니 두 사람이
이르되
어찌하여 살아 있는 자
를 죽은 자 가운데서 찾
느냐 6 여기 계시지 않
고 살아나셨느니라 갈
릴리에 계실 때에 너희
에게 어떻게 말씀하셨
는지를 기억하라 7 이
르시기를 인자가 죄인
의 손에 넘겨져 십자가
에 못 박히고 제삼일에
다시 살아나야 하리라
하셨느니라 한대

8 그들이 예수의 말씀
을 기억하고 9 무덤에
서 돌아가 이 모든 것
을 열한 사도와 다른
모든 이에게 알리니
10 (이 여자들은 막달
라 마리아와 요안나와
야고보의 모친 마리아
라 또 그들과 함께 한
다른 여자들도 이것을
사도들에게 알리니라)
11 사도들은 그들의
말이 허탄한 듯이 들
려 믿지 아니하나

12 베드로는 일어나 무덤에 달려가서 구
부려 들여다 보니 세마포만 보이는지라

그 된 일을 놀랍
게 여기며 집으
로 돌아가니라

엠마오 길에서 제자들에게 나타나시다

13 그 날에 그들 중 둘이 예루살
렘에서 이십오 리 되는 엠마오
라 하는 마을로 가면서 14 이
모든 된 일을 서로 이야기하더
라 15 그들이 서로 이야기하며
문의할 때에 예수께서 가까이
이르러 그들과 동행하시나

16 그들의 눈이 가리어져서 그인 줄 알
아보지 못하거늘 17 예수께서 이르시되

너희가 길 가면서 서로
주고받고 하는 이야기
가 무엇이냐 하시니

18 그 한 사람인 글로바라
하는 자가 대답하여 이르되

당신이 예루살렘에 체
류하면서도 요즘 거기
서 된 일을 혼자만 알
지 못하느냐

두 사람이 슬픈 빛을 띠고 머물러 서더라

19 이르시되
무슨 일이냐 이르되

나사렛 예수의 일이니 그는 하나님과 모든 백성 앞에서 말과 일에 능하신 선지자이거늘 20 우리 대제사장들과 관리들이 사형 판결에 넘겨 주어 십자가에 못 박았느니라 21 우리는 이 사람이 이스라엘을 속량할 자라고 바랐노라

이뿐 아니라 이 일이 일어난 지가 사흘째요 22 또한 우리 중에 어떤 여자들이 우리로 놀라게 하였으니 이는 그들이 새벽에 무덤에 갔다가 23 그의 시체는 보지 못하고 와서 그가 살아나셨다 하는 천사들의 나타남을 보았다 함이라

24 또 우리와 함께 한 자 중에 두어 사람이 무덤에 가 과연 여자들이 말한 바와 같음을 보았으나 예수는 보지 못하였느니라 하거늘

25 이르시되
미련하고 선지자들이 말한 모든 것을 마음에 더디 믿는 자들이여 26 그리스도가 이런 고난을 받고 자기의 영광에 들어가야 할 것이 아니냐 하시고
27 이에 모세와 모든 선지자의 글로 시작하여 모든 성경에 쓴 바 자기에 관한 것을 자세히 설명하시니라 28 그들이 가는 마을에 가까이 가매 예수는 더 가려 하는 것 같이 하시니

29 그들이 강권하여 이르되
우리와 함께 유하사이다 때가 저물어가고 날이 이미 기울었나이다 하니

이에 그들과 함께 유하러 들어가시니라 30 그들과 함께 음식 잡수실 때에 떡을 가지사 축사하시고 떼어 그들에게 주시니 31 그들의 눈이 밝아져 그인 줄 알아 보더니

누가복음 24:32-43

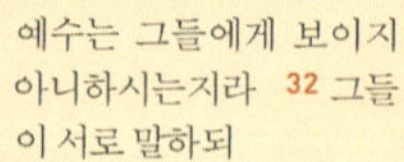

열한 제자에게 나타나시다

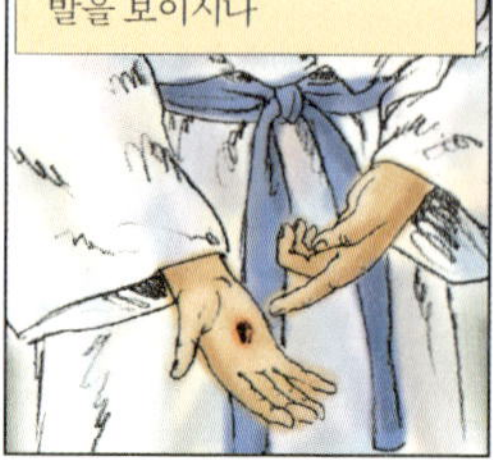

44 또 이르시되
내가 너희와 함께 있을 때에 너희에게 말한 바 곧 모세의 율법과 선지자의 글과 시편에 나를 가리켜 기록된 모든 것이 이루어져야 하리라 한 말이 이것이라 하시고
45 이에 그들의 마음을 열어 성경을 깨닫게 하시고 46 또 이르시되
이같이 그리스도가 고난을 받고 제삼일에 죽은 자 가운데서 살아날 것과 47 또 그의 이름으로 죄 사함을 받게 하는 회개가 예루살렘에서 시작하여 모든 족
속에게 전파될 것이 기록되었으니 48 너희는 이 모든 일의 증인이라 49 볼지어다 내가 내 아버지께서 약속하신 것을 너희에게 보내리니 너희는 위로부터 능력으로 입혀질 때까지 이 성에 머물라 하시니라

하늘로 올려지시다

50 예수께서 그들을 데리고 베다니 앞까지 나가사 손을 들어 그들에게 축복하시더니 51 축복하실 때에 그들을 떠나 [하늘로 올려지시니]
52 그들이 [그에게 경배하고] 큰 기쁨으로 예루살렘에 돌아가 53 늘 성전에서 하나님을 찬송하니라

카툰성경 누가복음

초판 1쇄 발행 2017년 5월 26일

그린이 키이스 닐리, 데이비드 마일즈

펴낸이 여진구
책임편집 안수경, 최현수
편집 김아진, 이영주
책임디자인 이혜영, 마영애, 노지현
기획 · 홍보 김영하
마케팅 김상순, 강성민, 허병용
제작 조영석, 정도봉
해외저작권 기은혜
마케팅지원 최영배, 정나영
경영지원 김혜경, 김경희

이슬비전도학교 최경식, 전우순
303비전성경암송학교 박정숙
303비전장학회 & 303비전꿈나무장학회 여운학

펴낸곳 규장

주소 06770 서울시 서초구 매헌로 16길 20(양재2동) 규장선교센터
전화 02)578-0003 팩스 02)578-7332
이메일 kyujang0691@gmail.com 홈페이지 www.kyujang.com
트위터 twitter.com/_kyujang 페이스북 facebook.com/kyujangbook

등록일 1978.8.14. 제1-22

책값 뒤표지에 있습니다.
ISBN 978-89-6097-603-0 04230
978-89-6097-600-9 (세트)

규 | 장 | 수 | 칙

1. 기도로 기획하고 기도로 제작한다.
2. 오직 그리스도의 성품을 사모하는 독자가 원하고 필요로 하는 책만을 출판한다.
3. 한 활자 한 문장에 온 정성을 쏟는다.
4. 성실과 정확을 생명으로 삼고 일한다.
5. 긍정적이며 적극적인 신앙과 신행일치에의 안내자의 사명을 다한다.
6. 충고와 조언을 항상 감사로 경청한다.
7. 지상목표는 문서선교에 있다.

하나님을 사랑하는 자 곧 그의 뜻대로 부르심을 입은 자들에게는 모든 것이 合力하여 善을 이루느니라(롬 8:28)

규장은 문서를 통해 복음전파와 신앙교육에 주력하는 국제적 출판사들의 협의체인 복음주의출판협회(E.C.P.A:Evangelical Christian Publishers Association)의 출판정신에 동참하는 회원(Associate Member)입니다.